東北魂

ぼくの震災救援取材日記

山川徹

東海教育研究所

東北魂

目次

III　激しい雨　151

装幀　野村浩
写真　亀山亮

I

荒蝦夷《あらえみし》の三・一一

三月十二日土曜日／被災二日目

目が覚めた。いつの間にか眠っていたらしい。

つけっぱなしのテレビには、眠る前に何度も見た映像が映し出されている。自動車を、家々を、道路を、船を、電柱を、繰り返し繰り返しのみこんでいく黒い波。そして、波に洗われた後に残った瓦礫の海——。

テレビの横には、壊れたデスクトップ型のパソコンが置いてある。

前日の十四時四十六分。東京都豊島区のぼくのアパートも揺れた。棚のうえに置いていた古いパソコンが飛んで壁にぶつかり、画面が割れてしまったのだ。アパート全体が音を立ててきしみ、本棚から書籍がこぼれ落ちた。外に出ると電柱がしなり、アスファルト道路がたわんでいた。錯覚か、と思った。アパートの向かいの仕出し弁当屋から白い割烹着姿のおばさんが、悲鳴をあげて飛び出してきた。揺れが収まった途端にまくし立てた。

「おっかなかったね。新潟地震よりも大きい。大変、大変だ……」

二十六人が犠牲になった一九六四年の新潟地震。当時、おばさんは新潟にいたという。この町に住んで六年。おばさんとは顔見知りだったが、話すのははじめてだなと思った矢先。余震がきた。大きい。おばさんがまた悲鳴をあげた。

ずっとテレビを見続けた。山形県上山市にあるぼくの実家や被災地に暮らす友人たちに電話したが、繋がらない。安否を確認するメールを送った。ただ怯えながら、連絡を待ち、テレビの前に座っているしかなかった。夜。募る不安を紛らわせようと近所に暮らす友人とビールを呑んだが、さらに憂鬱な気持ちになった。

枕元の携帯電話を見る。七時三十分。東日本を大きな揺れと津波が襲ってから、十七時間が過ぎようとしていた。実家からも被災地の友人たちからもまだ、連絡はなかった。

テーブルの上にはビールの空き缶とともに、A４版のコピー用紙があった。

〈午後９時４０分　荒浜　２００人から３００人〉

濃いボールペンでそう殴り書きされている。ぼく自身が書いたメモに違いなかった。ただし、自分が書いた実感が蘇るまで少しだけ時間が必要だった。

まだ現実の出来事だと信じ切れていなかった。

宮城県仙台市若林区の荒浜には、大学時代、友人たちとよく海水浴に行った。荒浜で二百から三百の遺体が発見されたという報道の瞬間。十数年前の風景が蘇った。

住宅地や田畑を抜ける細い道路を通り、太平洋に向かう。途中に建っていたのは、軒先にビーチボールや浮き輪を並べた古い木造の個人商店だ。麦わら帽子をかぶったやせたおばあさんが決まって店番をしていた。

空き地に自動車を停めて木々が茂る薄暗い林道を歩く。防風林を抜けると、いきなり強い日差しが照りつける。砂の熱さは、ビーチサンダルのゴム底を通しても分かるほどだ。夏。波が穏やかで静かな海は、親子連れやぼくらのような学生で賑わった。

あの浜に数百体もの遺体が打ち上がったというのか。何かの間違いじゃないか。

信じられなかった。続報を聞いて確認しようと、とっさに手近にある紙に〈午後9時40分荒浜　200人から300人〉と書き留めたのだ。

乱れた文字が、昨日の出来事を思い出させた。現実を改めて突き付けてくる。

ブラウン管の先には、ぼくがこの足で歩いてきた町々があった。仙台、岩沼、名取、東松島、松島、多賀城、塩竈、石巻、南三陸、気仙沼、陸前高田、大船渡、田野畑、宮古、大槌、釜石、久慈、八戸……。

ぼくは、山形で生まれ育ち、大学時代の四年間を仙台で過ごした。ライターとして、東北各地を旅してきた。町の風景は、そこに暮らす人たちの顔や声とともに記憶している。

変わり果てた町の風貌が映し出されるたび、自然が秘めたエネルギーに息をのんだ。いままで足を運んできた二〇〇四年の新潟中越地震や二〇〇八年の岩手・宮城内陸地震とは、桁違いの破壊力を持った自然災害であるのは疑いようもなかった。

けれども、リアリティが持てない。いや、あえて考えるのをやめていた。

被災地の友人たちの〝いま〟に思いを馳せるのが、怖かった。

すぐにでも東北に駆けつけたいという衝動とともに、襲ってきたのは、恐怖だった。

部屋のなかをそわそわと歩きまわりながら、被災地に向かう手段について考えを巡らせる。でも、と考えなおす。もっと状況を把握してからの方が……。結局は、そんないいわけに落ち着く。自分を納得させたはずなのだが、しばらくすると再びうろうろしながら、被災地に向かうすべを考えている。家でひとり、そんな行為を繰り返していた。

東北への一歩を踏み出せないでいた。

実家と連絡が取れたのは、正午前。ほぼ二十時間の停電。緊急事態を察知したのか。痴呆とまではいかないが高齢のために物忘れがひどく心臓を患って毎日を寝て過ごしていた八五歳の祖父が、覚醒し、慌てる母や祖母をたしなめていたという。少し冷静になれた気がした。

被災地に向かう計画を立てた。まずは月曜日まで情報を集める。レンタカーを借りて関越自動車道で北上する。新潟を経由して、山形に行く。実家をベースキャンプにして、被災地に通う。出発は、二日後……。しかし、カレンダーを見ながら考えている間にも、テレビは原発事故の情報を流しはじめる。状況はどんどん変わっていく。

いったい東北は、どうなってしまうんだ。ぼくはビビりながらも準備をはじめた。

二十三時二十分。携帯電話が鳴った。被災地からの着信。慌ててとった。

「経験したことがないほど激しい揺れだった。ホントに死ぬかと思ったよ」

仙台の出版社「荒蝦夷《あらえみし》」の代表取締役である土方正志さんは、ぼくが電話に出るなり、そう切り出した。テンションが妙に高かった。

「荒蝦夷」の事務所は仙台駅東口近くにある。津波被害の心配はしていなかったが、もしも土方さんたちが取材で沿岸部に行っていたら、と危惧していた。三人のスタッフも土方さんの奥さんも無事だが、自宅マンションが半壊して立ち入りを制限されているという。

十数年前までフリーランスのジャーナリストとして活躍していた土方さんは、阪神・淡路大震災をはじめとして奥尻島や雲仙・普賢岳などの自然災害の現場を取材してきた。阪神・淡路大震災では、写真家の奥野安彦さんとともに被災直後に東京を出て、翌日からは神戸に入った。十年間にわたり、神戸に通い続けた土方・奥野コンビの取材は、二冊の本に結実した。被災地・神戸の一年間をまとめた『瓦礫の風貌　阪神淡路大震災1995』（リトルモア）。そして、被災直後に出会った小料理屋「てつびん」を切り盛りしていたおばちゃんが生活を再建していく過程、そして亡くなるまでの十年間を追った写真絵本『てつびん物語　阪神・淡路大震災　ある被災者の記録』（偕成社）。

自然災害をテーマにしてきた土方さんが東京から仙台に移ったのは、二〇〇一年。民俗学者の赤坂憲雄さんが提唱、主導する「東北学」に賛同した土方さんは、『別冊東北学』（作品社）の編集を担当し、「荒蝦夷」を立ち上げるにいたった。

古代東北の人々は蝦夷と呼ばれ、さげすまれていた。そのなかでも「荒蝦夷」とは、大和朝廷に屈服せず抵抗を続けた蝦夷である。

東北に生きる人々に向けて、地域に根ざした本を届けたいという思いがあった。十年間、「荒蝦夷」は、東北に特化した本と雑誌を作り続けてきた。

戦後の仙台が舞台となった日本のハードボイルド小説の原点といわれる『X橋付近　高城高ハードボイルド傑作選』。赤坂さんの『いま、地域から　赤坂憲雄エッセイ集　東北学2001／2007』。朝日新聞の前石巻支局長・高成田享さんの『話のさかな　コラムで読む三陸さかな歳時記』……。

ぼくも「山形新聞」で一年間連載した東京で暮らす六十人の山形県人のインタビューを『離れて思う故郷　東京に生きる山形人の群像』として、二〇〇八年に出版してもらった。定期的に刊行している『仙台学』や『盛岡学』などの雑誌でも仕事をしてきた。

土方さんは、東北でも自然災害と向き合った〈山へ還る〉と題して、『仙台学』で、二〇〇八年の岩手・宮城内陸地震の特集を組んだ。

土方さんとの出会いは、「荒蝦夷」の立ち上げ前夜。十四年前にさかのぼる。大学時代からぼくは、土方さんたちの仕事を手伝ってきた。といえば聞こえはいいが、使い物にならなかった。ぼくは高校時代からラグビーに明け暮れていた。体力には自信があったものの、一般常識が著しく欠落した大学生だった。土方さんたちが仕掛けたイベントの会場で「暑いから」という理由で上半身裸になってしまったり、酒を呑んで十五歳年上の土方さんにケンカを売って怒鳴りつけられてみたり……。そんなぼくを「荒蝦夷」の人々は見捨てずに根気強くつき合ってくれた。

恩があった。「荒蝦夷」の仕事は断れなかった。東京で暮らしはじめて十数年が経ったいまも、三、四ヵ月に一度は仙台に通っていた。なかば強制されていたのでイヤイヤではあるのだが。

「残念。土方さん、生きてたんですか。ようやく自由になれたと思っていたのに」というぼくの冗談に土方さんは「バカ野郎」と笑って返した。

「死んでたまるかよ。ここで死んだら、お前に何をいわれるか分からねえからな。揺れのなか、お前の顔がちらついて、死んでたまるかって思ってたんだ」

東北が揺れてから、約三十時間後の電話だった。

十四時四十六分

三月十一日十四時四十六分。仙台市宮城野区もまた大きな揺れに襲われた。

仙台駅東口から徒歩十分ほど。マンション五階にある３ＬＤＫが「荒蝦夷」の事務所である。この日、土方さんたちは普段通りに仕事をしていた。スタッフのひとりは外出。事務所には、土方さんの他、パートスタッフも含めた女性スタッフが三人いた。

土方さんはいつも地震が起きると、すぐにベランダと玄関のドアを開け、避難路を確保する。たいがいはベランダのドアを開けたあたりで揺れが収まる。

激震のなか、土方さんはベランダのドアを開けた後、ダイニングキッチンと四メートルほどの廊下の先にある玄関に向かおうとした。しかし、事務所が激しく横に揺さぶられる。震度六強。玄関までわずかな距離なのに辿り着けない。ダイニングキッチンの丸テーブルにもぐりこんだスタッフふたりが悲鳴をあげていた。揺れはどんどん激しくなる。

ついに阪神・淡路大震災クラスの地震がきたか――。土方さんは思った。玄関のドアを諦めた土方さんは、自室の作業テーブルの下に入った。壁に立てかけた約一八〇センチの書架が三つ倒れてテーブルの天板にぶつかり、音を立てて本が散らばった。

揺れは収まる気配を見せない。土方さんも自室を飛び出してダイニングキッチンの丸テーブルに逃げこんだ。書籍や筆記用具、紙、食器が飛んだ。スチール製の事務机までが倒れた。

「床が抜けたら終わりだ……」。ふと頭を過《よ》ぎった。生きた心地がしなかった。

「この野郎！　止まれ、止まれ‼」

土方さんは、そう叫びながら、椅子の座面を何度も平手で叩いていたという。

何分が過ぎたのか。揺れが収まった。ブレーカーを落として、ガスの元栓を閉める。表に出た。マンションの五階の通路からは、向かいに建つ榴岡《つつじがおか》小学校が見える。

土方さんの目に入ったのは、水浸しになったグラウンド。地面に水が滲み、幾筋か水の道がはっきりと光っていた。一瞬、プールの水が漏れだしたのかと思った。けれども、一九六四年の新潟地震や一九九五年の阪神・淡路大震災などでも起きた液状化現象だと直感した。

とっさに記憶に刻まれた風景が蘇る。

炎と煙に包まれた被災直後の神戸――。

ぞっとした。火が出たら仙台は神戸になる、と。

マンションの前には、多くの人が茫然と立っていた。まだ状況を把握できていないようだった。「荒蝦夷」の経理を担当する滝沢真喜子さんは、揺れのなかも平静を保とうと心がけていた。事務所を出る前、デスクの引き出しから実印と通帳、現金をカバンに入れた。一緒に避難するパートスタッフの手がぶるぶると震えていた。しかし、それは、彼女だけではなかった。

滝沢さんは、「荒蝦夷」の立ち上げメンバーで『仙台学』の編集長である千葉由香さんと土方さんの奥さんと連絡を取ろうとした。でも、携帯電話は繋がらない。メールを送りたかったが、キーボタンが上手く押せない。滝沢さんは、自分の手も震えているのにはじめて気がついた。何度も間違えながら短い文章を打った。

〈こちらはみな無事。大丈夫?〉

十四時四十八分。送信。地震発生から二分後のことだった。

千葉さんは、仙台駅前のジュンク堂書店六階のバックヤードで、書店のスタッフらと三人で打ち合わせの最中だった。足下がぐらついた。すぐに大きく横にずれるような揺れが襲った。入り口に設置された巨大なスチール製の本棚があった。揺れのたび、横に積まれた書籍が右へ左へ、スライドするように規則的に飛んだ。

バックヤードにいた若い女性店員が泣き叫んだ。

避難路を確保しなければ、と千葉さんはドアノブをとっさに握りながら、打ち合わせをしていた書店員たちと一見、冷静に会話していた。

「この揺れ、いつまで続くんでしょう」「前の宮城県沖地震よりも大きいですね」「このビル、大丈夫なんですか」……。

同時に「ヤバイ。本棚が倒れたら押しつぶされてしまう。何かにもぐりこまなきゃ」と考えるのだが、身体が動かない。

「出口、こちらです!」

男性店員の声で身体が動いた。

「逃げなきゃ」。真っ暗な非常階段を一列に並んで下りた。真っ先に考えたのは、宮城県登米市でひとりで暮らす高齢の母の安否。しかし、電話は通じない。

事務所へ。千葉さんは青葉通りに出た。ケヤキの並木道に大勢の人がいた。焦げ臭い。臭いの先に目を向けると、薬局から煙が上がっている。駅前にも、数多くの人が立ちすくんでいた。みんな同じように携帯電話の液晶画面を見ている。

大声を出す人もいない。クラクションを鳴らす自動車もない。店のＢＧＭも歩行者信号のメロディも流れていない。

無音。大混乱しているはずが、不思議と何の音もなかった。

仙台駅の構内は通ることができなかった。迂回して事務所に向かった。道すがら折りたたみ式の防災ヘルメットをかぶった男性とすれ違った。

「千葉さん！　千葉さん！」

事務所マンション前に着くと誰かに呼び止められた。振り返ると、土方さんの妻の典子さんが手を振っていた。偶然、駅前にいた典子さんは、慌てて事務所にやってきたのだ。

そこに土方さんと滝沢さんが戻ってきた。

帰宅するスタッフふたりを見送った土方さんと滝沢さんは、自動車で北仙台の土方さんの自宅マンションに行こうとした。普段なら十五分程度の道のり。しかし、信号は消えている。踏切は警報音が鳴り続け、遮断機が下り続けている。マンションが倒壊しているのではないか。妻は無事か……。土方さんの焦りと不安をよそに自動車は一向に進まない。途中で諦めて、事務所に引き返してきたのだ。

運良く合流できた四人は、ひとまず事務所に入った。いままで「荒蝦夷」が作ってきた書籍や雑誌が散らばっていた。倒れた家具をかき分け、在庫を踏みつけながら室内に入った。

「こりゃ大変だ。オレたちもうダメだ」

土方さんは笑った。なぜかこみ上げてくる笑いが抑えきれなかった。典子さんもおかしくて、笑いが止まらなくなった。

「なんで笑ってるんだろう。オレたち、おかしいよな」

四人は、見る影もなく崩れた室内でしばらく笑い合っていたという。

七十二時間

「七十二時間は、この四人で乗り切ろう」

土方さんは、三人に切り出した。

「さっきの本震よりも大きな揺れは、おそらくはもうこないだろう。これから三日間は、自分たちの身は自分たちで守ろう。そこをしのぎきればなんとかなるから」

七十二時間――。生き埋めになった人が生存可能なぎりぎりの時間とされる。その間は、人命救助が最優先される。物資などがなかなかゆきわたらない。水や食料、安全の確保……。個々が判断し、行動するしかない。

災害時、ひとつの目安となるのが、七十二時間なのだ。

これから何が必要になるか。四人は話し合った。電気、水道、ガスのライフラインは止まっている。余震も続く。エレベーターが壁にぶつかる音だろうか、揺れるたびにマンションに不気味な金属音が響く。

土方さんが近所の酒屋に行くと、酒瓶が割れて床が酒浸しになっていた。店内にはアルコール臭が充満していた。店主と息子が後片付けをしていた。二リットルのウーロン茶を二本買った。店主がレジを打とうとしたが動かなかった。

　電気が止まっているのが分かっていても、普段通りの行動をとってしまう。みな、まだ日常を引きずっていた。四人で千葉さんの自宅マンションに行ったときもそうだ。部屋はマンションの九階。電気が止まり、エレベーターが動かないと分かっていながら、九階のボタンを普段通りに押している。すぐに「あっ、そうか」と自分たちが非常時に置かれている現実を再認識する。

　千葉さんの部屋は事務所にもましてひどかった。本棚や食器棚が折り重なるように倒れていた。土方さんが家具によじ登るようにして奥に入った。押し入れのなかのリュックサックを全体重をかけるようにして引っこ抜いた。

　リュックサックには、水、クラッカー、粉末の味噌汁、水で戻せる乾燥餅、軍手、絆創膏、鎮痛剤などの薬品、ナイフ、厚手のソックス、下着類、ロープ、生理用品、タオル、洗面用品、保温・防水効果があるサバイバルシート、寝袋などが入っていた。

　学生時代、ワンダーフォーゲル部の部員だった千葉さんは、非常時に役立ちそうなアウトドア用品を二十六リットルのリュックサックにまとめていたのだ。

　地震が襲ってから一時間が過ぎようとしていた。

　暗い空から、ぼた雪が降ってきた。

　四人はマンションの外壁に備え付けられた鉄製の非常階段を下りた。手すりが冷たかった。壁には大きな亀裂がいくつも走っている。

　横なぐりの雪が、非常階段の踏み板をみるみる濡らす。街は、吹雪になった。

陽が暮れようとしていた。事務所に帰り、食料を集めてみた。が、四人が三日間過ごすには、全然足りなかった。時間が経てば、食料の確保が困難になるかもしれない。

土方さんは、食料を求めてひとり街に出た。何が起こるか、想像がつかない。胸ポケットには護身用のカッターナイフを忍ばせた。

近所のコンビニはすべて閉まっていた。駅西口に通じる地下道は閉鎖されている。迂回して仙台駅のすぐ北側にかけられた「X橋」をわたる。JRの職員ふたりが、高架の異常を確認している。駅西口のペデストリアンデッキは立ち入り禁止。大きくずれた階段が揺れの激しさを物語る。ビルの一階部分に大勢の人が座りこんでいる。帰宅難民だった。

明かりがついたコンビニがあった。しかし、客と店主がもめている。

「まだ商品あるじゃん！」『なかに入れてよ！」……。

声を荒げる客を、店主は「ダメダメ、今日はもう終わりだから」と締め出した。見れば、店内にはまだ商品がある。

客が怒るのもムリないな。土方さんはそう感じた。

雪が激しく降り積もる。夜はこれから。街はまだまだ冷えこむ。それなのにみな家に帰るすべも、食う物もないのだ。

略奪。最悪の状況を想像した。

十八時過ぎ。駅前のアーケード通りの時計の針は、すべて十四時四十六分で止まっていた。

通りでは帰宅難民が一夜を過ごす準備をしていた。ゲームセンターの前では、商店街の若者たちによる炊き出しがはじまっていた。ローソンでは店頭に置いたテーブルにお菓子を並べていた。店員が「ひとり三袋まで購入可能で、一袋どれでも百円です」という。あたりは真っ暗。手元のお菓子が何か目をこらさないと分からなかった。手近にある袋を適当に三つ掴んで三百円支払った。

阪神・淡路大震災では、中国人が経営する中華料理屋がいち早く営業を再開した。もしかしたら、と土方さんは行きつけの中華料理屋にも寄ってみたが、人の気配はなかった。歩いていると、通りすがりの男が携帯電話で家族と話していた。

「怪我は大丈夫か？　オレはこれから歩いて帰る。三時間半後には着くと思うから……」

徒歩で家路につくサラリーマン風の人々がどんどん増えていた。

「どこか、やっているコンビニはありませんでしたか？」

晩ご飯の心配をしている主婦だろうか。土方さんは、声をかけてきたおばさんにお菓子を売っていたコンビニを教えた。さらに進んで角を曲がった。ライトを点けた軽トラが八百屋の店内を照らしている。店内から延びる列に並ぶのは、四十人ほど。さっきのおばさんに教えてあげようと土方さんは振り返った。けれども、姿は暗闇に溶けていた。

店内には、棚を縫うように列ができていた。列の進行に合わせて棚から商品をとっていく。混雑して商品を選ぶ余裕はなかった。手に入れることができたのは、殻付きピーナッツ一袋と一個二百八十円のトマト一箱。一緒に並んでいたおばさんが、ホッカイロを探していた。電気もガスもない。灯油にも限りがある。

「ホッカイロはないよね」と土方さんは、八百屋のオヤジに聞いた。

「あるわけないだろう！　うちは八百屋だよ！」とオヤジは、大声で応えて笑った。

お菓子三袋。殻付きピーナッツ一袋。トマト一箱。それが四人分の食料だった。

今日はなんとかしのげるはずだ。少しだけホッとした。

土方さんが事務所に戻ったのは、十九時三十分。四人は会社の自動車であるトヨタのヴィッツで夜を明かすことにした。

事務所の向かいの榴岡小学校には地震直後から大勢の人が避難してきていた。体育館をのぞいてみると、みな窮屈そうに膝を抱えて座っている。怖いから、と手を繋いでいる人たちもいた。

土方さんがもっとも懸念していたのが、治安の悪化。できれば、ヴィッツで郊外まで行って、一晩過ごしたかった。けれど、ガソリンの残りはわずか。ここで貴重な燃料を無駄遣いするわけにはいかない。結局、マンションの駐車場に停めたヴィッツに毛布や寝袋、防寒具を運んだ。

東北の夜は冷える。防寒具を着こみ、毛布にくるまっても、何度もトイレに立つハメになった。マンション一階にある共用トレイを使った。誰かが動くと保温のため防寒具の下に巻き付けた新聞紙が、ガサガサと音を立てる。

二十時ころ。千葉さんは、茨城県に暮らす兄からのメールで母親が地元の公民館に避難して無事だと知った。けれども、カーラジオから流れる情報は、千葉さんの気持ちを再び暗くさせた。

津波――。それまで沿岸部が壊滅的な被害を受けたと知らなかったのだ。「小学校に子どもたちが取り残されて孤立している」とアナウンサーが説明している。「いったい、どういうこと？どうなってるの？」。すぐに事情がのみこめなかった。ただ、南三陸や塩竈など沿岸部に暮らす親戚たちが、いま想像もできない状況に置かれていることだけは分かった。

余震のたび自動車が上下に弾んだ。外を歩く人が持つ懐中電灯の光の残像が揺れる。不気味で仕方なかった。

被災翌日

土方さんは、一睡もできずに夜明けを迎えた。

五時三十分。食事をとる前、自動車を駐車場から人目につかない場所に移した。駐車場は避難所となった小学校の目の前だ。みな食べ物や布団を探していた。避難所にも食料はなかった。

自動車のなかで毛布にくるまり、トマトをかじる姿を見たらどう思うか。

様々な被災地を取材してきた土方さんは、決して被災者の前で食べ物を口にしなかった。自らも被災したが、救援物資を待つ人たちの前で食事はできなかった。

土方さんはキャリーバックを引きずり、十年間暮らした自宅マンションの様子を見に帰った。途中、宮城県庁前を通ると、駐車場に自衛隊の車両がたくさん停まっていた。

もしも、大地震がきたら。築三十年を超すマンションが耐えられるのか。以前から抱いていた危惧が増した出来事があった。

三月九日十一時四十五分。つまり東日本大震災、本震の五十一時間前。

仙台は震度五の前震に見舞われた。イヤな横揺れだった。できるだけ早く引っ越さなければ、と考えて新たな住まいを探しはじめていた矢先だったのだ。

片道徒歩約一時間。予想していたとおり、マンションは半壊。一目見て、取り壊すしかないだろうな、と分かった。柱や壁には拳がすっぽりと入るほどの深い亀裂が幾筋も入り、鉄筋が剥き出しになっていた。

朝日が差しこむ薄暗い室内には、本棚やテレビが倒れ、ガラスが割れて飛び散っていた。軍手をして、果物や野菜が入っている戸棚を探った。

キャリーバッグにリンゴとジャガイモを詰めこんで表に出ると、運良くタクシーが通りかかった。道路に自動車はほとんどなかった。運転手が何か話したが、耳に入らなかった。徹夜。そのうえ、一時間も歩いた後、壊れた家で食料を探した。朦朧としていた。

事務所に戻る途中にある新聞販売店で「河北新報」を手に入れた。

想像していた風景を見た。やっぱりこうなったか、と。ラジオで大津波と聞いて沿岸部で何が起きているか。見当はついていた。一九九三年の北海道奥尻島の津波痕を歩いた経験があったからだ。

一方、同じころ、滝沢さんも「河北新報」を見た。営業しているコンビニはないか。滝沢さんは仙台駅東口付近を歩いていた。略奪を警戒してか、コンビニは入り口を幟《のぼり》やゴミ箱で閉鎖していた。一軒のコンビニの前で足が止まった。「河北新報」の朝刊の束が入り口の前に置いてあった。一部、手に取る。

言葉がなかった。紙面に並んだ写真すべてが、想像を絶していた。荒浜で二百体から三百体もの遺体が発見された。小学校の屋上に子どもが取り残されている……。昨晩のラジオで津波の被害を知った。とてつもない災害だと理解していた。分かっていたつもりだった。けれども、津波にのまれた町の状況が思い描けていなかったのだ。

炎と黒煙を上げる水に浸かった民家。飛沫を上げながら防風林も田畑も道路もいままさにのみこもうとする黒い波。幼子を抱えてうずくまる若い母親。毛布を被って座りこむ人々。水にとっぷりと浸かった仙台空港……。

滝沢さんは岩手県盛岡市出身。岩手大学を卒業。上京して雑誌編集者となった。Uターン後、二〇〇〇年に創刊した『別冊東北学』の第一号から編集、執筆に携わった。

彼女は、東北の町々を歩いてきた。ライターとして、編集者として、その町で生きる人々の生活や記憶を記録してきた。

涙が零《こぼ》れた。人間が作った町が、こんなにも、もろかったなんて……。

地震直後からずっと四人で行動してきた。みんなの前では泣けない、と気を張ってきた。けれど、ひとりになったいま、溢れた涙が止まらなかった。

十一時三十分。街のあちこちで炊き出しがはじまった。

近所の空き地で町内会の人たちがドラム缶のなかに薪をくべて、たき火をしていた。四人は炊き出しをごちそうになった。お椀一杯の味噌汁とピンポン球大の小さなおにぎり一個。おかずは、近所のモスバーガーの店長が持ってきてくれたという「つくねバーガー」のタネのつくね。

被災後、はじめて口にした温かい食事だった。

「これ、いつまで続くのかな?」

町内会のオヤジが誰にいうともなく呟いた。

公園では、子どもたちがサッカーやドッジボールに興じている。被災地にはとても見えない穏やかな風景だった。

四人はヴィッツの陰に隠れるようにして、酒を呑んだ。事務所に残っていた料理酒は塩分が濃くて、しょっぱかった。自動車のシートに座りこむと眠気に襲われた。

十七時過ぎ。土方さんはヴィッツのなかで目を覚ました。あたりは薄暗くなっていた。まだ他の三人は眠っている。夕刊が出ているかもしれない。土方さんはヴィッツを降りた。

通電の瞬間――。マンションや家の窓から次々と明かりが零れた。土方さんは、思わず走った。駆け出さずにはいられなかった。

「電気、きましたね!」「つきましたね!」……。

道行く人とすれ違いざまに互いに声を掛け合った。


〈荒蝦夷　徳泉寺にいます〉

事務所のドアには、関係者が訪ねてきたときのために張り紙を貼っていた。

浄土真宗大谷派勝光山徳泉寺。事務所マンションの裏手にある寺院だ。

「荒蝦夷」は、二〇〇五年、『仙台学』の取材で先代の住職にお世話になっていた。四人は、この日、徳泉寺に泊めてもらうことになった。

寝る前、使えそうな物を探そうと、土方さんと滝沢さんは事務所に戻った。「荒蝦夷」の前身となった『別冊東北学』編集室の立ち上げから十年を過ごした部屋を明かりが照らした。

思い出が詰まった室内が見る影もなく崩れていた。

「うちのかみさんと千葉には、いわないでくれよ」

滝沢さんにそういって、土方さんは泣いた。十年かけて築いてきたものがこの有様かよ、と。

土方さんは壊れた事務所にひとり残り、酒を呑んだ。

もしかしたら電話が繋がるんじゃないか。

充電した携帯電話を手に取った。ダイヤル発信音が鳴った。東京に暮らす仲間の編集者が電話が出るなり、土方さんは「オレ、元気だよ!」と話しはじめた。テンションが上がっているのを感じながら、次々と電話をかけていった。

ふるさとへ

「あれだけひどかった神戸よりも、さらにでかい災害だぞ、これは」

電話口の土方さんはいった。

ぼくは、全国紙の夕刊を買っていた。読売新聞は、〈死者・行方不明者1400人超す〉。朝日新聞には〈死者・行方不明者1500人に〉とあった。

これから犠牲者が桁違いに増えていくのは、ぼくにも分かった。たぶん阪神・淡路大震災で犠牲になった六、四三四人の死者・行方不明者を超えることも。

「いまはとにかく食い物がない。腹が減って仕方ないんだ……」

それで、と土方さんは続けた。

「いつ、こっちにくるんだ」

テレビを見て、ビビってます……。とは、いえなかった。吹っ切るしかなかった。「明日の朝いちで行きます」と思わず口走った。

電話を切った。本棚から一冊の本を抜いた。土方さんの『瓦礫の風貌』。当時、三三歳の土方さんは被災地となった神戸に抱いた気持ちをこう結んでいる。

〈被災者の悲しみや苦しみを、ぼくらが十全に理解したとはもちろんとてもいえない。神戸の街が見せてくれた、神戸の人が聞かせてくれた、震災にみまわれた都市のさまざまな出来事。その意味をしっかりと理解することができるのは、いまぼくらが暮らしている都市（東京とは限らない。札幌、仙台、横浜、名古屋、福岡……）が大地震におそわれたときだ。そのとき、神戸市民はぼくらのかけがえのない先輩になる〉

そう。いつも土方さんはいっていた。自然災害が多発する日本で生きる限り、いつどこで誰が被災するか分からない、と。

神戸を、奥尻を、雲仙普賢岳を、歩いてきた土方さんの話をぼくは十年以上も聞いてきた。そして、ぼくは、「荒蝦夷」の人たちとともに東北を歩いてきた。

港町に吹く潮風の香りを嗅ぎ、海に生きる人たちの体温に触れてきたのだ。

早く戻らなければ、と思った。腹が据わると気持ちがはやった。

東北へ——と。

三月十三日日曜日／被災三日目

早朝、土方さんから再び電話があった。赤坂憲雄さんが自動車を一台提供してくれるという。もっとも懸念していた足が確保できた。

いまから被災地に行くのか。人ごとのような気持ちで慌ただしく準備を進めた。

近所のスーパーに買い出しに向かった。パチンコ店から軍艦マーチが流れている。パチンコ玉を弾く耳障りな騒音が響く。東京が日常に戻ったかのようだった。その一方で、スーパーでは買い占めがはじまっていた。商品棚からミネラルウォーターが消えていた。

三百キロ北の土地では、いままさに多くの人が、凍え、腹を空かし、命を落としているかもしれないのに……。目眩がするような東京の現実だった。

親しい編集者やライターに被災地行きを報告した。みな当座の軍資金や被災地域の地図、携行食品、栄養剤、そして救援物資を用意してくれた。

赤坂さんが待つ国分寺に着いたのは正午ころだ。

「いったい何が必要なんだろう……」

赤坂さんは、ぼくをホンダのシビックに招き入れるなり、零した。水、保存できる食料、電池、卓上ガスコンロ、ティッシュ、生理用品……。次々に思い浮かぶ。

でも、何が本当に必要なのだろう。量販店に着いたとき、携帯電話が鳴った。

「とりあえず、二週間しのげるだけの物資を持ってきてくれ。二週間持ちこたえられれば、仙台もなんとかなるだろうから」

土方さんは洗い出した物資のリストを読み上げた。ホットプレート、卓上コンロ、ガスカートリッジ、電気炊飯器、カップラーメン三箱、単二乾電池十二本、米十五キロ、カロリーメイト、缶詰、レトルト食品、果物一箱、トイレットペーパー四パック、生理用品、水五十リットル、水を蓄えられるポリタンク、そしてチーズ、クッキー、チョコレートなどの保存食。

ガスはまだ使えないが、電気は昨晩復旧した。電化製品で自炊しようというのだ。

電話を切った後、すぐに着信があった。

「追加なんだけどさ」と土方さんは申しわけなさそうな声で続けた。「酒とタバコを買ってきてくれないか。酒がもう全然ないんだ。酒がないと眠れないんだよ」

「要求が贅沢になっているじゃないか」と赤坂さんが笑った。

一軒の店では買い揃えることができずに何軒かまわった。

でも、ポリタンク、卓上コンロ、ガスカートリッジは手に入らなかった。ミネラルウォーターも買えたのは六リットルだけ。東京でも物資が不足しはじめていた。

仙台に暮らす大学時代の友人から携帯用のガスカートリッジを持ってきてほしい、と頼まれていた。スーパーに何時間並んでも手に入らないのだという。けれども、東京のスーパーからもガスカートリッジは消えていた。その後、運良くガスカートリッジと水は、手に入れることができた。知り合いの編集者に事情を説明すると、会社に非常用の備品があるはずだと卓上ガスコンロ三台、ガスカートリッジ、ミネラルウォーター、おこわや炊きこみご飯などアルファ米の保存食を大量に提供してくれたのだ。

被災から四十八時間が経とうとしていた。必要な人に物資が届いているのか。

土方さんや友人たちが話す仙台の現状と、いま、目の当たりにしている東京の状況とのギャップに、いら立ちを覚えた。

シビックの後部座席を倒して荷台に買ったばかりの物資を詰めこんだ。

「おれもすぐに東北に行く。いま、君にしかできないことがあるはずだから……」

赤坂さんが差し出した右手を握り返すと、東北へ向かう実感がわいた。


「実家は、高台にあるから大丈夫だとは思うんですが……。家族の誰かが港の近くにいたら」

ダウンジャケットをまとい、リュックサックを背負った山内明美さんは自己紹介を交わした後、そう切り出した。一橋大学大学院で言語社会学を研究する山内さんは、宮城県南三陸町出身。彼女は、ぼくが被災地に向かうと赤坂さんから聞き、急いで準備して待ち合わせをした吉祥寺までやってきたのだ。

十八時十五分。吉祥寺マルイ前。あちこちまわっているうち、陽が落ちていた。吉祥寺駅前はいつものように多くの人でごった返していた。それでも早めに閉店する店が多いせいか街の雰囲気は重苦しい。

山内さんは、ふるさとに戻るすべを探していた。南三陸は〝壊滅〟と伝えられていた。半数以上の住民と未だに連絡が取れないらしい。山内さんの家族も、だ。

十九時。練馬インターチェンジから関越自動車道に乗った。東北自動車道は通行できない。日本海側に迂回して新潟を北上。山形を経由するルートをとった。

越後川口ＩＣを通過した。新潟県長岡市東川口。長岡市と合併する前の地名は、川口町。

かつてこの町に何度も通った。

二〇〇四年の新潟中越地震。震度七の揺れに襲われた震源地、川口を被災直後から歩いた。被災地にはじめて立った瞬間の衝撃が忘れられない。

自動車で川口に向かっていると、気分が悪くなった。乗り物酔いか。自動車を降りた。一瞬、平衡感覚を奪われた。立ち眩《くら》みした。

路肩にずらりと並んだ電柱がすべて同じ角度に傾いていたのだ。だまし絵のなかに迷いこんだような錯覚に襲われた。これが自然災害なのか、と思った。

うっすらと雪が積もった関越自動車道を走る。カーラジオからは、原発事故のニュースや被災地の情報が流れる。携帯電話の緊急地震速報アラームが何度も鳴る。友人たちが電話やメールで状況を逐一、報告してくれる。

七年前の新潟中越地震以上の破壊力を持った自然災害に襲われたのだ。さらに原発事故が追い討ちをかけている。東北に近づくとともに恐怖と不安が現実味を帯びてきた。

助手席に座る山内さんは、ぼくとは比べものにならないほどの不安を抱えているはずだった。ふるさとの安否が分からない。しかも聞こえてくるのは悲観的な情報ばかりなのだ。

日付が変わるころ、雪が積もる県境の新潟県村上市で最後の給油をした。すんなり満タンにできた。実家の父親の話では、山形でもガソリンが不足し、二、三時間並んでも満タンにできないという。実家の上山に到着したのは東京を出発してから、七時間後のことだった。

被災地、仙台

三月十四日月曜日／被災四日目

九時三十分。昨晩の道を引き返して新潟に向かっていた。

当初は、すぐに仙台に入るつもりだった。実家の上山から仙台までは山形自動車道を通らなくても八十分ほどの距離だ。けれども、電話で土方さんと相談して予定を変えた。

約二時間前。こんなやりとりがあった。

「イヤな揺れが続いているんだ。横揺れが縦揺れに変わった。それにうちでアルバイトしている女の子たちもこっちに合流してきている。四日目になってみんな疲れてる。治安も悪くなってるしな。一度、仙台から避難したいんだけど、ガソリンがない」と土方さんは話した。

「いま、何人いるんですか？」

「六人。もしかしたら今日も増えて七人か八人になるかもしれない」

「『荒蝦夷』の車にはもう全然ガソリンがないんですか」

「メーターは四分の一以下になった。山形まで行けるかな」

「厳しいかもしれないですね。峠でガス欠したらシャレにならないッスよ。ぼくが乗って行く車に全員を乗せるのもムリでしょうし。山形でガソリンを買えたら持って行くんだけど」

「やっぱり、厳しいか」

「ガソリンを買うなら、新潟まで行かないと」

「新潟はまだ大丈夫なのか？」

「昨晩の時点で新潟では問題なかったですよ。満タンにはしてきたけど、しばらくはガソリンを大切に使わないと」

土方さんはしばらく考えた後、「よし」と続けた。

「悪いんだけど、新潟まで戻って、ガソリン調達してくれねえか。そしたら全員で山形に避難できるだろう」

そして、土方さんは「ちょっと待て」と電話を切った。連絡がきたのは、約十分後。土方さんは興奮していた。

「マタギがガソリンを準備しておいてくれるって。山川、山熊田だ」

新潟県村上市山熊田。マタギの伝統を守る山間の集落だ。

数年前から土方さんとぼくは、何度もクマの巻狩りに参加させてもらった。捕ったクマを祀る熊祭りにも参列し、クマ鍋と酒をごちそうになった。彼らが「荒蝦夷」のためにガソリンを確保してくれているという。

こうして昨日の道を引き返している。

山内さんは上越新幹線で東京に戻ることにした。南三陸まで行けるか分からない。食料も燃料もない。しかも、仙台は放射能が降っているとパニックになりかけているという。東京で状況を見極めて準備してからの方が。そう判断したのだ。

山内さんからメールが届いたのは、六日後の三月二十日。

〈実家は家族全員無事でした。2日前、やっと父と電話で話すことができました。叔父や叔母、親戚の何人かが亡くなったことを知らされました〉

〈私の方は友人たちが義援金を集めてくれたので、再来週あたりガソリン事情が回復するのを待って、あらためて南三陸へ向かいます〉

ふるさとに、家族のもとに、帰りたくても帰るすべがない人たちが大勢いた。

マタギたちからガソリンを受け取り、山形と宮城の県境である笹谷峠を越えたのは、十九時を過ぎたころだった。

すっかり暗くなっていた。仙台郊外は信号も電気も消えていた。自動車もほとんどない。郊外はまだ電気が復旧していないのだ。闇。ひっそりとどこまでも広がっている。光の有無でこんなにも風景が違って見えるのか。

地震のせいで隆起し、亀裂が入った箇所を通過すると自動車が弾み、ガソリンがタポンタポンと揺れた。車内にガソリン臭が充満している。

パワーウィンドを開けた。頬や耳、手の甲……。剥き出しの素肌が強張る。しんとした冷気が忍びこんできた。

東北の寒さだ。

市街地に入ると明かりがあった。普段の仙台に比べるとわずかな明かるさではあるのだが、ホッとした。

一見すると倒壊した建物もない。被害が少ないようにも見えた。歩道には、防寒具を幾重にも着こんで着膨れした人たちの姿があった。みな肩をすぼめて足早に歩を進めていた。

シャッターを下ろしたコンビニの駐車場には若者たちがたむろしていた。放射能を気にしているのだろうか。みんなマスクをして帽子を被っていた。

そんな風景が身体を凍えさせる。暖房が効いた車内に先ほどの冷気が蘇ったような錯覚に襲われた。

「荒蝦夷」の編集部が入る六階建てのマンション周辺は、いつもと違って人気がない。

エントランスに黒いキャップと分厚い黒いジャケットを着た土方さんがひとり立っていた。疲労のせいか、表情には暗影が落ちている。四日間の避難生活が伝わってくるような風景だった。

ぼくは、自動車を降りて張りつめた空気を吸った。土方さんと握手した。仙台は本当に被災してしまったんだな。そう実感した。

覚悟

「文音《あやね》と文音の彼が合流してきてるんだ。ふたりとも田舎が気仙沼だろ。地震直後、家族と電話で話したらしいんだが、いまは連絡がついていないんだ」

土方さんはひっそりとした空気に合わせるように小声で続けた。

「もしもの、最悪の状況を覚悟しておけ、とはいってあるんだ。文音も『分かっています』『覚悟はできています』とはいっているんだが……」

文音とは、二三歳の須藤文音さん。

気仙沼高校を卒業後、仙台の専門学校に進学。「荒蝦夷」でアルバイトをはじめた。彼女は「荒蝦夷」の初代のアルバイトである。現在は宮城県塩竈市の障害者福祉施設に勤務。就職したいまも時々、「荒蝦夷」の仕事を手伝っている。

ぼくが須藤さんとはじめて会ったのは五年前。以前、「こんなに人使いの荒い編集部でよく働けるね」というと、須藤さんはこういって笑った。

「みんな変わっている人ばかりで面白いし、取材も編集の手伝いも楽しいですよ。私、生まれてはじめてブラックコーヒーを飲んだのって、『荒蝦夷』の事務所なんです。思い入れがあるといいまや「荒蝦夷」と須藤家は、家族ぐるみの付き合いだ。「荒蝦夷」が気仙沼に行けば、決まって須藤家を訪ねるようになっていた。ぼくも須藤さんの父である勉さんと仙台で酒を呑んだことがある。須藤さんの家族の安否を思った。

もしも家族みんなが――。

彼女がそんな最悪の現実を受け止める覚悟をしているというのか。

まさかそんなことには……。ぼくは、まだ根拠のない救いを信じていた。

三月十一日、須藤さんは、高校、専門学校時代の同級生で、仙台の障害者福祉施設の職員である高城啓さんが暮らすアパートにいた。

大きな揺れの直後。気仙沼で生まれ育ったふたりが、真っ先に心配したのは津波。携帯電話は使えない。すぐに近所の公衆電話から実家に連絡した。須藤さんの祖父母と母、帰省中だった大学生の妹の無事は確認できた。しかし、気仙沼港の近くで働く父からはまだ連絡がないらしい。

高城さんの電話には上の姉が出た。息子を小学校に迎えに行って高台に避難するという。

夜。須藤さんは高城さんが勤める太白区の施設に避難した。その日、高城さんが夜勤シフトだったのだ。市街地までは自動車で十五分ほどの高台にある施設は無事だったが、電気もガスも水道も遮断されていた。

ふたりは、再び気仙沼に電話した。須藤さんの母の声は切迫していた。

「空が赤いの。鹿折のあたりが火事で燃えているみたい……」

須藤さんは「お父さんから連絡があったら教えてね」と母にお願いして電話を切った。が、以来、何度、電話をかけても家族の声は聞けなかった。

彼女の実家は川筋にある。津波は川をさかのぼって山間の集落まで押しつぶしていた。

高城さんが話したのは、もうひとりの姉だった。

「娘がいない……」

詳しい状況を聞く間もなく通話が断ち切れてしまった。

高城さんは、どうしようもない不安に襲われていた。

気仙沼が燃えている。そのうえ、四歳になる姪っ子と須藤さんの父が行方不明だという。すぐに駆けつけたいが、どうにもできない。いまできることをやるしかなかった。施設利用者の食事の介助、投薬……。高城さんは、普段の仕事をロウソクの光だけを頼りに行なった。目の前の仕事に集中して、不安を打ち消した。

朝が待ち遠しかった。

「夜明けまであと六時間」「あと四時間だね」……。

職員の控え室に戻るたび、みな口に出した。仮眠をとろうと横になっても緊急地震速報が鳴るたび、飛び起きる。遠くでは救急車や消防自動車のサイレンが響いていた。

高城さんたちの仕事を手伝う須藤さんの裡《うち》には焦りが募っていた。須藤さんの職場がある塩竈も津波に襲われた。同業の高城さんたちが働く姿を見ると、塩竈の施設の同僚や利用者が心配になる。私も早く行かなきゃ。時間とともに不安がどんどん膨らんでいった。

須藤さんの悩みを知った高城さんはこう引き留めていた。

「社会人としてはその気持ちはすごく分かる。でも、まだ余震も続いている。ＪＲもバスも運休している。おそらく一度行ったらしばらくは戻ってこれない。行くすべも帰ってくるすべもないんだ。しかも、お父さんの安否も分からない。これからどうなるか分からない。できれば、行かないでほしい」


二日間を施設で過ごした須藤さんは、仙台駅行きのバスの復旧を待って自宅アパートに帰宅した。室内には本棚が崩れて本が散らばっていた。床に落ちていた一冊の本を手に取った。

土方さんが子ども向けに書いた写真絵本『てつびん物語』。阪神・淡路大震災で被災した小料理屋のおばちゃんが亡くなるまでの記録である。須藤さんはページをめくった。

〈火山の噴火、地震、台風。自然災害のために被害を受けた人たちのニュースが流れない年はありません。これからも、たくさんの人たちが家をうしない、お金をうしない、そして自らの命さえもうしなうことでしょう。豊かな自然に生かされながら、ときにはその自然に命さえうばわれる。ぼくらはそんな大地に生きているのです〉

〈おばちゃんの人生のさいごは、この地震との闘いの日々でした。地震に破壊された生活を建てなおそうと苦しみ続けました〉

闘いがこれからはじまるのか……。読み進めていくと、文字が滲んで見えた。

須藤さんは、食べ物を持って高城さんが残る施設に戻るつもりだったが、バス停が混雑していてバスには乗れそうもなかった。仕方なくアパートに引き返す途中、スーパーに入った。長い行列に並んでみたが、一向に進まない。

「荒蝦夷」からメールがきたのはそんなときだ。「荒蝦夷」が避難する徳泉寺はスーパーから徒歩で十分ほど。数々の被災地を取材してきた土方さんたちとなら、活路が見いだせそうだと感じた。須藤さんはすぐに行列から離れた。

父の行方が分からない。家族とも連絡が取れなくなってしまった……。

須藤さんが状況を説明すると、土方さんはいった。

「最悪のときのことを覚悟しなければな」

気休めで励まして中途半端な期待を持たせたくないという土方さんの気持ちがよく分かった。

「私もそう思います」と須藤さんは冷静に応えた。

強がりでも、ムリをしているわけでもない。生まれたころから海が身近だった。

須藤さんは、海を特集した『仙台学 vol.4』に寄せた「おばあちゃんの手　気仙沼大島・女たちの記憶」でこう書いている。

〈自分よりも大先輩の女性にたくさん出会った。みんなそれぞれに家族の誰かを海で亡くしていたり、津波を体験していたりと、島の暮らしならではの体験を持っていたりする〉

新鮮な海の幸が食卓に並ぶ一方、海難事故で亡くなった人の話も聞いてきた。海とはそういうものなのだと肌で感じていた。

大島は、須藤さんの父の故郷である。

〈女たちの記憶〉は、須藤さんにも受け継がれている。


街灯の光がわずかに届く薄暗い路地。「荒蝦夷」のヴィッツには、土方さん以外の「荒蝦夷」の三人に、須藤さんと高城さんを加えた五人がいた。高城さんは一八五センチを超える巨漢。肩をすぼめるようにして窮屈そうに座っていた。

須藤さんと高城さんのふたりは、マスクをして帽子をまぶかに被っていた。

「久しぶりです。お疲れさまでした」と須藤さんがチョコレートをくれた。

深夜。県境付近の峠で、林道に逸れた。みなガソリンを求めている。緊張感が漂う街中で給油なんてできなかった。

真っ暗ななか、ヴィッツの給油口にガソリンを黙々と注ぐ。しんとした森にぼそぼそと小声で交わす会話だけが響く。どんどん軽くなる缶の重みを両手に感じた。

「荒蝦夷」の繋がり

三月十五日火曜日／被災五日目

〈荒蝦夷応援フェア〉

店に入ってすぐの一角にそう書かれたポップとともに「荒蝦夷」の書籍や雑誌が平積みされていた。十七時。ぼくの実家に身を寄せた土方さんらとともに「荒蝦夷」と取引がある戸田書店山形店を訪ねていた。

土方さんたちがやってきたのを知った笠原裕介店長は走ってきた。そして、土方さん、千葉さん、滝沢さんと順番に握手しながらいった。

「無事でしたか。よかった。ホント、よかった」

笠原店長に案内されて従業員控え室に入った。戸田書店で土方さんらは、被災後はじめてインターネットを見た。「荒蝦夷」を支援する動きが広がっていた。

「荒蝦夷」は、二〇一〇年、柳田國男の『遠野物語』刊行百周年を期して〈みちのく怪談プロジェクト〉を怪談専門雑誌『幽』（メディアファクトリー）の編集長で、文芸評論家の東雅夫さんとともに立ち上げた。東さんが、ブログやツイッターなどで、「『荒蝦夷』の本を買って事業再開を応援しよう」「復興を支援しよう」……と呼びかけていたのだ。

〈みちのく怪談プロジェクト〉で募集した八百字の〈みちのく怪談コンテスト〉には三百四十八もの作品が集まった。受賞作、入賞作をこの春『第1回みちのく怪談コンテスト傑作選』として刊行するはずだったが……。

土方さんたちは目を細めてパソコン画面の文字を追う。

〈やべえ地震がきた／荒蝦夷はだいじょうぶか？〉

〈みちのく怪談は今年出来るのか？〉

〈無償で「みちのく怪談」をやってくれた荒蝦夷、「新耳袋」を超える怪談を書いた黒木／怪談の未来の為にも彼らを支えてやりたい〉

〈みちのく怪談の選考で世話になったから、仙台学買うよ〉

〈みちのくの恩返しだな〉

〈早く復興して良い怪談本出してくれ／てのひらーのつながりと絆を見せつけてやる〉

〈黒木も荒蝦夷も応援してるよ／みんな本を読んで人助けだ！〉

〈みちのく怪談名作選とか持ってるけど買って友達に配るわー〉

〈おれも買う。「仙台学」の次号が出ますように〉

〈荒蝦夷は山形に避難したもよん〉

〈araemishiが山形に移動したと知って遷都という言葉が思い浮かんだが、間違いなのはすぐわ

かった〉

〈東北で被災中の出版社も作家もガンガレ！　俺たちは買うことしか出来ないが、ちゃんと応援しているぞ‼〉……。

ここに登場する「黒木」とは、山形市在住の若手怪談作家の黒木あるじさん。『仙台学』には毎号登場する書き手である。そして、「てのひらー」とは、オンライン書店「ビーケーワン」が主催する「ビーケーワン怪談大賞」の応募者・受賞者のことだろう。入選した作品は、八百字の掌篇怪談作品集『てのひら怪談』（ポプラ社）に収録される。黒木さんも「ビーケーワン怪談大賞」の受賞がきっかけとなり、プロの作家としてデビューした。

「個人的にも、ぼくは『荒蝦夷』の大ファンなんですよ。これからも全力で応援していきますから」と笠原店長は土方さんの肩を抱き、もう一度、しっかりと手を握った。

「早く営業再開しなきゃな」

土方さんの目は真っ赤に充血していた。

当初は、山形でしばらくの間、様子を見て仙台に戻って片付けをしてから、と考えていた。しかし、書店員の反応、仕事仲間の動き、ネットの声を知った。のんびりしている場合じゃない。土方さんは、そう思った。オレたちが本を出さなくて、誰が出すんだ、と。

「荒蝦夷」は、東北をフィールドにしてきた出版社だ。土方さん自身はジャーナリストとして日本中の被災地を歩いてきたのだ。

「沿岸部では多くの書店が被害に遭っている。大手の書店なら、時間はかかるかもしれないけど営業再開できるだろう。でも、個人書店はどうなるのか。津波で在庫も店舗も流れてしまっているかもしれない。店のオヤジが無事かどうかも分からない。それでも、こうして応援してくれる書店さんや読者がいる。まずは、仙台から在庫を持ってきて、山形からうちの本がほしいといってくれる人のもとに送らなきゃな」

土方さんは営業を再開するために臨時の住まい兼事務所を山形市内に構えると決めた。土方さんと千葉さん、滝沢さんは、その足で不動産屋に向かった。

ぼくは須藤さんと高城さん、典子さんと、夕食をとるために焼肉屋にいた。土方さんに「文音と啓に旨い物を食わせてやってくれ」といわれたのだ。

「仙台にいる昨日までは、こうやって少しの間でもみんなと別れるのが怖かった」と典子さんがいった。前日の話である。余震が続くなか、マタギたちからのガソリンを待っていた。食料が満足にない状況からやっと抜け出せる。みんな気分が高揚していた。

しかし、何が起こるか分からない。

山形行きの高速バスが動きはじめていた。土方さんはガソリンが届かなかった場合を想定していた。須藤さんと夜勤を終えて合流した高城さん、そして、妻の典子さんにバスで山形に先に避難するように提案した。余震が横揺れから縦揺れに変わっている。できるだけ早く避難させたかった。だが、予想に反して、典子さんと須藤さんの反発が激しかった。

「バラバラになったらもう二度と会えなくなる気がするからイヤだ」

「一刻も早く安全な場所に、っていう気持ちはうれしいんですが、山形は土地勘ないですし、ここではぐれたら難民になっちゃいますよ」

テーブルには、肉を盛った皿が並ぶ。炭火が暖かかった。

仙台では食料不足でみんな困っているのに百キロも離れていない山形では普通に焼肉が食べられる。須藤さんと高城さんにとっては、痛みを覚えるほどのギャップだった。

「やっぱり罪悪感があります」と須藤さんは続けた。「利用者の方や職員の人たちはまだ避難所にいて、家族とも連絡できないのに。自分だけおいしい物を食べているなんて。昨日、久しぶりにお風呂に入って布団で眠ったとき、日本にもまだこんな場所があるんだと思いました。土方さんは『山形で燃料や食料を手に入れて、施設に持って行けばいいじゃないか』というけど……。ホッとしている部分もあるんですけど、早く戻らなきゃっていう気持ちもある。辛いです」

須藤さんと気仙沼の家族が置かれた状況を知った職場の上司は、「仕事のことは心配しなくてもいいから、まずは自分を第一に考えなさい」といってくれた。その一言もあり、須藤さんは山形への避難を決めた。それでも、割り切れない思いは残る。葛藤していた。

高城さんは携帯電話を絶えず気にしていた。

「昨日、『荒蝦夷』と合流して携帯電話を充電してから、知り合いにメールを送ったんですよ。『オレは無事。そっちは大丈夫か』って。何通、送信したのか分からないほど送りまくりました。普段、連絡を取らないヤツにも送りましたから。アドレス帳に登録しているヤツに、片っ端から送ったんです。なんででしょうね。とにかく自分が無事だっていうのを知ってもらいたかったのかな」

「私は逆だな」と須藤さんはいった。「もしも返事がこなかったら……。そう思うと怖くって、誰にも連絡できないんです」

香ばしい匂いと煙が漂う。

「文音ちゃん、啓君、早く食べないと焦げちゃうよ。食べられるときに食べておかなきゃ」

典子さんがふたりに焼けた肉を勧めた。カルビを食べた高城さんがしみじみいった。

「焼肉がこんなに旨い物だなんて……。はじめて知りました」

三月十七日木曜日／被災七日目

上山から仙台までは国道一三号線を北上して笹谷峠を通り、国道二八六号線に乗る。距離にして八十数キロ。普段なら山形自動車道を使うのだが、一部が通行止めになっていた。

「荒蝦夷」は、北山形駅に近い山形市下条町に二階建ての一軒家を借りた。部屋は七つ。六人が暮らすには十分な広さだ。

翌日から入居する山形営業所に在庫を運びこむため、ぼくは土方さんとともに仙台を目指していた。ガソリンか灯油を被災地へ届けるのだろう。ドラム缶を積んだボロボロの軽トラックが、ぼくらの自動車の前をずっと走っていた。峠の坂道ではスピードが出ない。白い車体にはいたるところに錆が浮いていた。

「あのトラック、雄々しいな」

助手席の土方さんがいった。

昨日の十六時三十分。ぼくらは、ソバ屋で遅い昼食をとっていた。

突然、テレビ番組が変わった。天皇陛下のビデオメッセージ。ぬるいラーメンをすする手を止めた。想起したのは、終戦の玉音放送。それほどの大災害なのか、と改めて思う。

「これからの日々を生きようとしている人々の雄々しさに深く胸を打たれています」

物資を満載して、峠を越えるオンボロ軽トラが、その一説を思い出させる。

東京を出る前からとんでもない自然災害だというのは頭では理解していた、つもりだった。

終戦の玉音放送を思い起こさせるほどの大災害。その実感につながっているのは、未だに気仙沼の家族との連絡が取れない須藤さんと高城さん、そして営業再開の見通しが立たない「荒蝦夷」の人たちの存在だった。

土方さんたちと合流して四日。テレビ報道に、知人から届いたメールに……、みんな些細なことで涙を流したり、怒ったりした。目前のひとつひとつの出来事が、ぼくを混乱させる。雪のなかを呟きこみながら〈雄々しく〉走る軽トラが不意にぼやけた。

九時三十分。路肩に段ボールにマジックで「タマゴ」と手書きされた看板があった。軽トラックに続き、自動車を停める。山形でも卵は手に入りにくくなっていた。

「集荷のトラックがこなくても、ニワトリは、卵を産み続けるからね。仕事は休めないんだ」

四十代半ばほどの養鶏業者のおじさんが卵を新聞紙に包んでくれた。

まず向かったのは、『せんだいタウン情報　S—style』や仙台や東北の食や旅をテーマにする『kappo』などの地元情報雑誌を刊行する仙台市若林区の出版社「プレスアート」。

「地元の雑誌社としてできるだけ早く雑誌を作りたいところだけど、いったいいつになったら出せるのか」

取締役で『kappo』編集長の川元茂さんは零した。

新たに雑誌を作るには、いくつもの課題があった。石巻の日本製紙の工場が被災したせいで、日本中で紙が不足していた。さらに仙台市内の印刷会社も営業再開のメドは立っていなかった。印刷機器の点検も修理も手つかずの状態らしい。ふたりは非常時の雑誌作りについて話し合った。

「いままでのようなページ数は難しいかもしれないけど、緊急刊行としてリーフレットという手もありますね」

「うちが取材でお世話になったお店もずいぶん被災してしまった。なんとか彼らの声を届けたいんですよ。記録としても残さなければなりませんよ」

「地元の雑誌が書店に並ぶ光景は、なんらかの象徴に、メッセージになるはずです」

「どうです。もしも紙がないというのなら『kappo』と『仙台学』が共同で一冊の雑誌を出すというのは……」

震災からまだ一週間。二人は被災した街で話し合っていた。

いま、地元の雑誌は何をすべきなのか——。熱気、そして、使命感が伝わってきた。

「荒蝦夷」の滝沢真喜子さん、千葉由香さん、土方正志さんと典子さん
４月８日　山形市

奪われた日常

ガソリンスタンド、スーパー、炊き出し……。市街地では、いたるところに行列ができていた。路上にはガラスや壁の欠片が落ちていた。〈災害派遣〉と記された自動車が目立った。新幹線が鉄橋の上で止まっていた。

当初、平穏に見えていた仙台だが、建物の損傷は激しいようだった。壁や天井が落ちたり、ガラスが割れたりした建物だけではない。壁や柱がひび割れて傾いている建物もあった。修理して済めばいいが、取り壊さなければならない建物がたくさんあるに違いない。

「荒蝦夷」の事務所が入る建物もわずかだが傾いているように思えた。

この十年間、数え切れないほど寝起きした部屋には、書籍、筆記用具、毛布、食器、段ボール箱などが無秩序に散乱していた。

事務所の惨状は、聞いていたので、さほど驚きはなかった。

だが、一瞬。当たり前のように土足で室内に入っていく土方さんの後に続くのをためらった。この事務所での日々を取り戻せない。土足で入ったら、その事実を認めてしまうような気がしたからだ。かつての日常を踏み荒らす小さな覚悟をした。寂しかった。

土方さんが目を真っ赤にし、唸りともうめきともつかない絞り出すような声を発した。

「こうなっちゃったんだよ。ここで君たちと仕事して、呑んだくれて、ケンカして……。十年間、やってきたものが……」

キッチンにあった料理酒をコップに注いで一気にあおった。土方さんが崩れた部屋を見て泣いたのは、二度目だった。

亀裂が入り、鉄骨が飛び出た土方さんの自宅マンションの玄関は、臨時の告知板になっていた。自らの安否を知らせ、家族や友人の消息を尋ねる紙が貼られていた。マンションに埋設された水道管が破裂し、漏電しているという。それでも五時から二十時までは、個人の責任で入ることができた。

ほっかむりしたおばさんが、風呂敷に包んだ家財道具を担いで階段を降りてきた。昔、テレビドラマで見た戦後の闇市に物を売りに行く人々の姿と重なった。

室内は薄暗く寒かった。大型テレビも本棚も食器棚も……。何もかも倒れていた。床に散乱した割れたガラスの破片を音を立てて踏みながら、使えそうな物を探した。

ぼた雪が降りはじめた。三月半ばの仙台でこんな雪が降るのは珍しい。

こめかみに突き刺さるような冷気と大粒の雪が、壊れた街を覆っていく。

津波が襲った沿岸部の人々を思った。

ふすまの向こうから嗚咽が漏れていた。

八時十五分。実家の客間。六人分の朝食を乗せたお盆を持ったぼくは、ふすまを開けた。

「ガソリンさえあれば……」とタオルで顔を覆った土方さんは繰り返した。「ガソリンさえあれば、気仙沼に連れて行ってやれんのに。ちくしょう……。ガソリンさえあれば……」

須藤さんも高城さんも携帯電話を握りしめていた。気仙沼の家族に向かって、涙で途切れ途切れになりながらも声をかけていた。

「お母さん、暖かいところにいるの……。ちゃんと、ご飯、食べてるの……」

壊滅と伝えられる故郷に残る母へ、娘がかけた言葉だった。

「いますぐにでも戻りたい」という娘を電話口の母は、「いま帰ってきても大変なだけ。邪魔になるだけだから。土方さんたちと一緒にいなさい」と押しとめた。

一週間ぶりに家族と話すふたりの青年の姿を、千葉さんも滝沢さんも典子さんも目を真っ赤にして見守っていた。

須藤さんの実家までは津波は襲ってこなかった。母、祖父母、妹は無事だったものの、未だに父の行方が分かっていないという。

もう一週間も過ぎたのに家族と連絡が取れず、寒さと空腹、そしてどうしようもない不安に耐えている人たちが、何十万人、いや、何百万人といるのだ。

ふたりの姿を前にして、恐怖をともなった実感が襲ってきた。

ほんの数分だけ、ずっと続いていた緊張と不安から解放されたのか。

「地震の後、はじめて本気で泣きました」とさっきまで声を上げて涙を流していた高城さんは続けた。「確かにホッとしたんですが……。やっぱり姪っ子は流されてしまったみたいなんです。義理の兄の実家でおばあちゃんと一緒に……。母ちゃんも、『あきらめるしかないんだ』と口では割り切っているんですが……。当然、辛いんでしょうけど、大勢の人が流された気仙沼にいるわけですから。大変なのは自分だけじゃない。仕方がない。そう思うしかないのかもしれません。なんとかして早く戻りたい。気仙沼の、家族の力になりたいんです」

三月二十日日曜日／被災一〇日目

九時三十分。須藤さんを仙台に送った。高城さんはその前日から仙台に戻り、仕事を再開していた。須藤さんが働く塩竈の施設は、職員と利用者が一緒に仙台の体育館で避難生活を送っていた。須藤さんは食べ物や生活必需品などの物資を持って職場復帰した。

同僚や上司たちと抱き合って泣きながら再会を喜ぶ須藤さんと別れた。

ぼくと土方さんと千葉さんの三人は、仙台から国道四五号線で沿岸部を目指した。ガソリンは前日、往復六時間かけて新潟まで行って調達していた。新潟でも二千円までという給油制限がはじまっていた。

十一時。多賀城市中野栄。いきなり目前の景色が変わった。

ありえない風景を見た。信じていた常識がぶっ飛んだ。

なんなんだ、これは――。

無数の自動車が無秩序に折り重なっていた。ひっくり返った自動車が何台も用水路に落ちていた。鉄塔に引っかかっている自動車があった。

運転していた人はどうなってしまったのだろう。頭のどこかではそう考えるのだが、異常な風景に圧倒されて思考が乱れた。乾いた泥が覆うコンクリートの上をただひたすら歩き続けた。空気がやけに生臭く埃っぽかった。

自動車の山の前でジャージー姿の五十代のおじさんが、木の棒きれを片手にぼんやりと突っ立っていた。

「そこの駐車場に停めていた車が流されちゃったんだよ。でも、泥だらけでどこが駐車場なのか分からなくなっちゃった。さっきから探しているんだけど、見つからない。こんだけ流されているんだもんね。諦めている。仕方ない。仕方がないね」

塩竈。スコップで家のなかに入りこんだ泥をかき出している人や一輪車でゴミになってしまった家具を運び出す人がいた。冷蔵庫、テレビ、仏壇、布団、畳、カーペット、電話……。家の前に積まれたすべての家財道具に灰色の乾いた泥がこびりついていた。

市場があった場所には、ヘドロと魚の腐臭が漂っていた。黒く湿った泥が靴の底に粘つき、歩きにくかった。市場や魚屋の商品が波にさらわれたのだろう。泥のなかには干からびかけた魚がゴロゴロと転がっていた。

〈お願い。持っていかないでください〉

小さな文房具屋の店先に張り紙とともにカレンダーが入った段ボール箱が置いてあった。

「水のせいで紙がほとんどダメになった。運良く残った折り紙を避難所の子どもたちに持って行ってあげたんだけどね……」と文房具屋のおばさんはため息を漏らした。

商店街の駐車場で「浦霞《うらかすみ》」とあるタンクローリーが停まっていた。「浦霞」とは、一七二四年に創業した塩竈の造り酒屋「佐浦」が醸造する日本酒である。普段は日本酒を入れるタンクローリーに水を積んで被災した人たちに給水をしていたのだ。ウィンドブレーカーのうえに「浦霞」と染め抜いたはっぴを羽織った従業員が被災した人々が持ち寄ったバケツやペットボトルに水を注いでいた。

「明日にでも営業を再開したいんですよ」と嶋屋書店の店長・中村賢一さんは店内の掃除の手を休めていった。「流通はストップしていますが、本を読みたいというお客さんは大勢いる。塩竈で営業できそうな書店はうちだけなんです。できるだけ早くお客さんが読みたい本を揃えたい。家族総出で片付けていたんです」

嶋屋書店は、海事関連に強い書店である。仙石線の本塩釜駅前に店舗を構えて六十年になる。外壁には、一五〇センチほどの高さまで泥の痕が残っていた。店内にも水は入りこんだという。棚から落ちた本は、海水に浸かってしまった。家族で店内のヘドロをかき出して、ダメになった本や雑誌のリストを作っているさなかだった。

「被災した出版社と書店でがんばっていきましょう」

土方さんと中村さんは、互いに声を掛け合った。

三月二十一日月曜日／被災一一日目

宮城県登米市で、七六歳になる千葉さんの母がたったひとりで避難生活を送っていた。家が半壊して立ち入りを禁止されたのだ。

彼女を見舞うために土方さんと千葉さんとともに自動車を走らせた。途中、営業していないドライブインの駐車場で野菜の即売会が開かれていた。

良心的な値段だった。ネギ一束二百円。ダイコン二本百五十円。ジャガイモ一袋百円。トマト一袋七百円……。軽トラックの荷台が即席の野菜売り場だった。

ダイコンを並べたほっかむりのおばさんは、釣り銭を出しながら話した。

「人が大勢集まっているから急いで畑からダイコンを抜いてきたの」

自然発生的にできた即売場がいくつもあった。一方、コンビニエンスストアはほとんど営業していなかった。流通がストップして、商品が届かないのだ。

「本当は東北には食い物がたくさんあるんだ。ガソリンさえあれば、あのおばちゃんたちが必要な場所に野菜を届けることができるんだ」

即売場を見つけるたび、土方さんは繰り返した。

燃料不足がすべてを停滞させていた。

ここで売られている野菜は、本来、集荷センターに集められてから、各地に届けられる。四日前の路上のタマゴ屋もそうだ。トラックがこないから集荷も出荷もできない。

だが、食料不足と報じられている沿岸部まで、ここから自動車でわずか二、三十分の距離なのだ。必要な人のもとに直接、届けることはできないのか。歯がゆかった。多くの人に配ろうと大量に野菜を買いこんだ。

登米は震度六強の揺れで倒壊した家屋が多かった。千葉さんの母、みねさんは知人宅に身を寄せていた。近所とはいえ、他人の家での慣れない暮らし。疲れがかなりたまっているのが分かった。水や保存食、先ほど手に入れた野菜をわたした。

家は柱が傾き、壁も落ちていた。土台にいたっては、家が跳ね上がったとしか思えないようなズレ方をしていた。

みねさんに頼まれて壊れた家の応急措置をした。サッシがゆがみ、ソフトボール大のすき間がいくつもできていた。そこが野良猫の通り道になってしまったのだという。段ボール箱を切り裂き、ガムテープで貼り付けていく。気休めにもならない応急措置だった。

かつて千葉さんの実家は、書店を営んでいた。「千忠書店」。七年前、ぼくは泊まりがけで、まだ営業していた書店の仕事を手伝わせてもらった経験があった。地方の個人書店について知りたいと思っていたのだ。

店番をさせてもらった。人の出入りはほとんどなかった。でも、来たお客さんはみな印象に残っている。おばあちゃんに手を引かれて、塗り絵を買ってもらった幼い女の子。戦後、九十九里浜で裸同然で働く生きる人々を撮影した一万五千円もする『九十九里浜』（小関与四郎・春風社）という箱入りの写真集を取り寄せた元学校の先生……。みんな三年前に亡くなった千葉さんの父である忠夫さんと会話をしてから帰っていった。

何十年も書店を営み、地域のなかで生きてきたのだ。

みねさんは亡き夫とともに子どもを育てたこの家をなおし、町に残りたいと話した。

しかし、近いうち、ここを引き払わなければならない日がくるだろう。地震は、みねさんが書店と地域とともに生きた数十年の日常を奪おうとしていた。

肩に刻まれた痛み

南三陸の風景は、テレビの映像や新聞の写真を通して何度も見た。瓦礫に覆われてしまった写真や映像を見るたび、かつて旅した南三陸の町並みを思い浮かべようとした。けれど、津波に洗われて変貌した町を見れば見るほど、記憶のなかの風景は遠のいていった。

十五時。登米と南三陸を結ぶ国道三九八号線。別名、本吉街道。平行して細い川が流れる。千葉さんの実家を後にしたぼくらは、南三陸に向かっていた。いきなり視界に瓦礫に押しつぶされた家々が飛びこんできた。川筋をさかのぼってきた津波は、海がまったく見えない山間の集落をも襲ったのだ。

そこからは、ただひたすら瓦礫の海だった。

いくつもの臭いがした。押し流された自動車のタンクからガソリンが零れだしていた。焼けた瓦礫が津波から十一日経ったいまもいやな臭気を放っていた。いたるところに生ものが悪くなったような磯臭さがこびりついていた。目前の風景は、映像や写真ではなく、現実だ。そう突き付けてきたのは、いくつもの臭いだった。

三階建ての建物の屋上に自動車が乗っていた。津波がそこまで自動車を運んだのだ。理解できずに混乱した。

南三陸には、一九六〇年のチリ地震津波のあとに造られた防潮堤があった。海と町を仕切るかのような開閉式の高く分厚いコンクリートと鋼鉄の壁があったはずだ。けれども、いま、コンクリートの壁は傾き、ねじ切れた鋼鉄の扉の残骸がわずかに残るのみだった。

被災した人々は、かつて生活した家があったであろう場所に積もった瓦礫の山から使うことができそうな物や思い出の品を探していた。

瓦礫の海のなかで、京都府から駆けつけた消防士が行方不明者を捜索していた。みな手に持った長い棒で、瓦礫のなかを捜している。「ああ、まだここに多くの人が埋まっているんだな」。異様な事実をなぜか冷静に受け止めることができた。

「復興」「復興」「復興」……。

まだ十日。それなのにテレビや新聞では、バカのひとつ覚えみたいに連呼し続けていた。災禍を前にして、強烈な違和感とともに怒りがこみ上げてきた。いまの南三陸の風景のどこに「復興」があるというのだ。


この日をぼくは決して忘れない。ぼくは、確かな痛みを覚えた。

身体に刻まれたのは、忘れられない痛みだ。

三階部分まで水に浸かり、多くの患者が犠牲となった公立志津川病院。入り口には、黄色い菊の花束が供えられていた。なかは薄暗く、潮の臭いがした。天井から鉄筋やコードがぶら下がっていた。泥と埃でくすんだ紺色のジャンパーを着た白髪交じりの短髪の男が歩いてきた。六十代半ばくらいだろうか。しわが幾筋も刻まれた顔はやつれていた。実年齢はもっと若いのかもしれない。

「この病院に入院していたうちの母ちゃんが津波に流された……」と彼は声を震わせながら一気にまくし立てた。「死んだっていうのは、もう分かってる。ダメだって、諦めてはいるんだけど……。せめて遺体を見つけて、葬式をあげてやりてえんだ。それなのにいくら捜しても見つからねえ！　どこにいるのかぜんぜん分からねえんだ。津波がきてからもう十日も過ぎたんだぞ、十日も！　それでいいのか？　本当にそれでいいと思うか！」

彼は、ぼくの両肩を何度も何度も強く叩くように抱きしめて、泣いた。

ひとつひとつの言葉が悲鳴のように響き、胸をえぐった。

慟哭する人をはじめてみた。

ぼくには泣き崩れるおじさんを支えることしかできなかった。零れた涙を拭うこともできず、一緒に泣いた。

「あんたに怒りをぶつけても仕方がないのは分かっている。分かっているんだけどよ、この気持ちを誰にぶつけていいのか、オレには分からねえんだ。オレはどうすればいいんだ。ここにはオレと同じようなヤツが大勢いる。頼むから全国の人に、できるだけ多くの人に、この気持ちを伝えてくれ、頼むから……」

彼が去った後も、ぼくの両肩には余韻が残った。

それは、痛みにも似た重みだった。

夜、仙台に戻った。営業を早くも再開した中華料理店に入った。隣のテーブルでは、関西地方からやってきたと思われるテレビ取材班が酒を呑んで、バカ騒ぎをしていた。

他局の報道や行政の対応への批判……。千葉さんの母が置かれた状況を知り、南三陸の風景を見てきたばかりのぼくたちには、耐え難い耳障りな言葉が飛び交っていた。

不愉快だった。家や仕事、日常生活をいきなり奪われ、家族が見つからず、涙を流す人たちがいる。被災地と被災した人たちの現実との激しいギャップに憤りがわき上がる。

千葉さんは目を真っ赤にして口を一文字に結んでいた。土方さんが、吠えた。

「身内が犠牲になった人もいるんだ。場所を考えろ！　ここは被災地なんだぞ‼」

その叫びが、いままさに被災という現実と闘っている人たちの慟哭のように響く。

三月二十二日火曜日／被災一二日目

「荒蝦夷」の事務所から在庫を運び出すために仙台にいた。市街地を歩いてみた。

十一時から営業を再開する仙台駅前にある丸善アエル店の前には行列ができていた。繁華街である国分町や一番町のアーケード通りでは、ほとんどの店がシャッターを下ろしていた。ショーウィンドーを新聞紙で覆ったコンビニも牛丼チェーン店も閉まったままだ。路地に入ると魚屋がやっていた。でも、棚には商品がほとんどない。

「浜から魚がくるのはいつになるかね」と魚屋のオヤジがいった。「いまここにあるのは日本海方面からきたヤツ。青森から茨城の魚は、ゼロ。商品は、いつもの三分の一以下かなあ。本当に大変なのはこれから。オレたちよりも浜の人だよ」

〝浜の人〟

仙台の人たちは沿岸部に暮らす人をそう呼ぶのか。身近さを感じさせる響きだった。

長い行列があった。のぞいてみると、サーティワンアイスクリームを求める人の列だった。

「昨日からサーティワンアイスクリームが再開したって聞いて……。どうしても食べたいなって思ってきたんです。好きなんですよね、ここのアイス。久しぶりにアイスを買うと、やっと日常に戻れたというか。ホッとしますよ。今日は、アイスを食べるにはちょっと寒いですけどね」

子どもの手を引いて、店から出てきた若い母親は笑った。

路上には、弁当やおにぎり、野菜を売る出店が並んでいた。若者もおじさんもおばさんも外国人も声を張り上げて呼びこみをしていた。百円のおにぎりをふたつ買った。一週間ほど前から串焼き屋が臨時の露店を出しているのだという。

「まだガスも水道もきていないんです。いつ営業再開できるかは分かんないですけど。ぼくらも食っていかなきゃいけないから。やるしかないです。やけくそです」

ダブダブのズボンをはいた、いかつい坊主頭の若者が呵々と笑った。

やけくその熱気――。

そんな空気が満ちていた。かつて旅した中国・雲南省の片田舎の風景と重なった。通り沿いにズラリと並ぶ串焼きや野菜、揚げ物、雑貨を売る露店。すれ違うことができないほどの人通り。潤沢に物があるわけではなかったが、それを補う熱気があった。

公園の花壇に腰掛け、子どもの握り拳ほどの小さなおにぎりのサランラップの包みを解いた。堅い。がちがちだ。作り慣れていないのだ。お世辞にもおいしいとはいえないおにぎりをかじり、お茶で流しこんだ。

彼は、はじめてのおにぎりを「やけくそ」で握ったのかもしれない。おかしかった。

このやけくその熱気が、街が日常を取り戻す原動力になるのかもしれないと思った。

三月二十三日水曜日／被災一三日目

日常を取り戻すため「荒蝦夷」も着実に動きはじめていた。

この日、臨時山形事務所に椅子や大型の作業机、仙台から持ってきたパソコンや在庫など、仕事に必要な物が一通り揃った。段ボール箱に四十六冊の書籍と雑誌を詰めるのを手伝った。明日、オンライン書店の「ビーケーワン」に発送される震災後の初荷である。

「仙台で営業を再開した書店さんには人が入っているらしい。みんなテレビなんか見たくないんだろうな。本をじっくり読みたいという人が増えているんだ」と土方さんは話した。

「荒蝦夷」の臨時山形事務所でワイドショーを見ていた千葉さんが誰にいうともなくいった。

「これだけ『復興』『復興』……っていうと、自分たちはどうだったか考えちゃうね。私たち、いままで『復興』という言葉を簡単に、不用意に使ってこなかったかって」

数日前も同じようなことがあった。朝のニュース番組で気仙沼が映し出された。仮設住宅建設がはじまった。そんなニュースを紹介した後、女性リポーターはいった。

「ようやく『復興』の目途がつきました……」

須藤さんがぼそりと呟いた。

「『復興』の目途って何？」

それは、この十日間、ぼくが感じていたことでもあった。

「復興」なんて、本当にありえるのか、と。

しばらくすれば、日常は戻ってくるだろう。ガソリンも水も不自由なく手に入るだろう。コンビニやスーパーも平常営業するだろう。

だけど、それは本当に「復興」なのか。家や仕事、家族を失った人に「復興」なんてありえるのか。

ちまたに溢れる「復興」という言葉への違和感が募っていた。

「荒蝦夷」が倉庫代わりに使っているアパートで在庫の整理をしていると、須藤さんと高城さんが揃ってやってきた。高城さんは復旧した高速バスで気仙沼の実家に戻ってきたらしい。

「何もありませんでした」と彼は壊滅したふるさとの風景を語った。「ぼくが知っている気仙沼の面影はなかったです。むちゃくちゃでした。ぼくの家も一階の天井が抜けてしまって、吹き抜けみたいになっていました。家財道具も何も残っていなかった……。『ピンポン』のあたりもひどかったです」

「ピンポン」とは、ぼくが気仙沼に行くと決まってのれんをくぐった居酒屋だ。びっくりするほど安くて、新鮮な魚介類を肴にビールを呑んだ。そのたびに声をかけてくれる常連客に連れられて二軒目、三軒目とハシゴした。

彼らは無事だろうか。小さな記憶が蘇るたび、出会った人々の安否が気にかかった。

「もうすぐお父さんの会社のそばを自衛隊が捜索してくれるみたいなんです。お父さんは、もし何かあったら家族で連絡を取り合おうといっていたんです。お父さんが生きていたら音信不通なんてありえない。なんとかして連絡してくるはずなんです」

そして須藤さんは続けた。

「覚悟は、できています」

海の仕事は危険と隣り合わせだ。

それは、いままでぼくが漁師たちに何度も聞いた言葉でもあった。いや、言葉だけではない。海と死の近さを実感もした。二〇〇七年に同行取材した北西太平洋の調査捕鯨の現場では、知り合った乗組員が事故で命を落とした。

彼女もまた海に生きる〝浜の人〟だから毅然とした態度でいられるのか。それとも、彼女は、いま、唐突に突き付けられた現実を受け止める準備をしているのか。

須藤さんに対して、気休めの言葉をかけるわけにもいかずにぼくは戸惑っていた。

三年前に会った須藤さんの父、勉さんとの会話を思い出した。

船の自動操舵システムのエンジニアである勉さんは、海外での仕事も多かった。その日もチリから戻ってきたばかりだと話していた。

捕鯨をテーマにしていたぼくにとって勉さんの体験談は興味深かった。だが、酔話である。

「男が旅に出るときは下着が二枚あれば、それで十分だ」

どんな話でも、決まってそんなオチがついた。

そのたびに〝浜の人〟らしい豪快さだな、と感じて笑った。

「お前みたいないい加減な酒呑みは、気仙沼にきたら漁師にぶん殴られるか、気に入られるかふたつにひとつだな。いつでも気仙沼に遊びにこい。旨い魚を食わせてやるから」

「必ず行きます」とぼくは応えた。まだ、その約束は果たしていなかった。

土方さんとぼくは、二軒目の呑み屋に勉さんを誘った。でも、勉さんは娘に止められて、名残惜しそうに帰っていった。

「これからも文音をよろしくお願いします」と土方さんにいって――。

勉さんは、娘に常々、こう話していたという。

「何かあったら、土方さんたちを頼りなさい。土方さんを仙台のお父さんだと思いなさい」

何か、は起きたのだ。


その夜。山形の臨時事務所で、土方さんがいった。

「いま、ガソリンはどのくらい残ってる？　できるだけ早く文音を気仙沼に連れて行ってやりたいんだ」

ガソリンは不足したままだ。ガソリンの残量から逆算して数日間の行動を相談するのが、毎晩の日課になっていた。

三月二十六日土曜日／被災一六日目

十二時三十分。山形の書店で買物をしていたぼくに土方さんから電話があった。

「文音のお父さんの遺体が見つかったらしい。明日の朝いちで文音を連れて気仙沼に向かおう。ガソリンは大丈夫か……」

すぐにガソリンスタンドの列に並んだ。二時間半後。三千円分給油できた。気仙沼に行けるだけのガソリンを確保した。

三月二十七日日曜日／被災一七日目

土方さんと千葉さんとともに米、ダイコンやキャベツなどの野菜、リンゴ、野菜ジュースなどの食料をシビックに積みこんで、「荒蝦夷」山形事務所を出発したのが、八時過ぎ。仙台で須藤さんと彼女の親戚の大学生を乗せた。

大人五人と物資を満載したシビックで、東北自動車道を北上する。揺れのせいでできた段差を通過すると車体が弾んだ。宮城県最北のインターチェンジである若柳金成ＩＣを降りて、一般道の気仙沼街道に入る。気仙沼に近づくにつれて、会話は減っていった。

十二時。須藤さんの実家に着いた。多くの人が集まっていた。けれど、お通夜だというのに喪服姿の人はひとりもいない。みな厚い防寒着をはおっていた。

奥の部屋では七、八人の女たちが車座になって白装束を縫っていた。

自家製の梅干しを出してくれた須藤さんの祖母、もと子さんが、娘婿の勉さんについて問わず語りに話した。

「葬儀屋さんでも装束を着せてくれるんだけど、それだけじゃ寒いだろうから、みんなで縫っていたところなんだ。優しい子だった。酒っこが好きでね。いつも仕事から帰るとニコニコって顔して、刺身と塩辛をつまみながらビールを呑んでだんだ。何があるか分がんないからっていってね、家中の部屋に懐中電灯を置いておいてくれたんだよ」

ビニール袋に入った勉さんの遺品を母の由美さんが見せてくれた。

「これ、お父さんが握りしめていた遺品なんです。しっかり握っていたんですよ」

ビニール袋には、仕事道具として愛用していたシルバーの小型懐中電灯とディズニーのトラのキャラクター「ティガー」のキーホルダーが入っていた。懐中電灯には拭いきれない泥が残っていた。キーホルダーも汚れて湿っているのが分かった。

「ティガー」は、地震の一ヵ月前、須藤さんと妹の史奈さんが東京ディズニーランドに遊びに行ったときのお土産だった。春休みで帰省していた史奈さんが津波の二日前にわたしたのだという。由美さんは続けた。

「気仙沼には、家が流された人も、見つからない人もまだまだ大勢いるんです。みなさんのおかげで文音も無事だった。お父さんも見つかって、家が残ってお通夜ができる。みなさんが集まってくれて、お父さんを送ってもらえる。火葬場も見つかった。よかったのかもしれないんだけど……。千年に一度が何もいまこなくたって……。何がよくて、何が悪いのか、本当に分からなくなってしまいました」

勉さんの火葬は、四月九日。被災地では焼き場が足りずに土葬がはじまっていた。

突然、働き盛りの一家の大黒柱を喪う。しかも発見まで二週間がかかり、さらに火葬まで二週間も待たなければならない。それでも、遺体が見つかり、通夜ができて、荼毘に付せるだけ、

「よかったのかもしれない」と遺族が口にする現実――。体温が引く。何かが崩れる。何気なく享受していた社会の仕組み、便利さは自然のエネルギーの前では、こんなにも脆く無力なのか。当たり前のものが、ずっと存在する保証なんてどこにもない。そんな普段は意識しない事実を突き付けられた。

「勉さんが、帰ってきたよ」

年配の女性の震えた声が響いた。

「山川さん、お願いします」

須藤さんに声をかけられた。棺を運ぶ男手が足りないのだ。

玄関の前に白いライトバンが停まっていた。棺の上蓋には、菊が二輪供えられていた。遺体安置所で誰かが置いてくれたのか。黄色と白の菊はくたびれてしおれていた。親類の男たち四人とともにぼくと土方さんは桐の棺をライトバンから担ぎ出した。

軽い棺だな――。

両腕に棺の硬さを感じた一瞬、気になった。そのわけはすぐに分かった。親類の男たちひとりひとりが勉さんの重みをしっかりと受け止めていたからだ。後のおじさんは目を真っ赤にして歯を食いしばるような表情で棺を支えていた。「ニコニコって顔して」おおらかに酒を呑む勉さんが、いかにみんなに慕われていたのか。棺の軽さが実感させた。

棺は縁側から入れて畳の上にそっと下ろした。すぐに由美さんが古い菊の代わりに新しい菊の花束を棺に乗せた。

須藤さんの祖父である哲男さんが小窓を開けて勉さんと対面した。哲男さんは腎不全の治療を受けているという。被災後、透析のために県外の病院に入院する患者が多いなか、哲男さんは娘婿の葬儀が終わるまでは、と家に残る決断をした。

「ニコニコって顔の男が、こだいに（こんなに）なってしまって、寒いっけべな……。つとむ、声出せ、声出してけろ……」

須藤家でただひとりの男になってしまった七〇歳を過ぎた哲男さんが、五三歳で逝った娘婿に声を詰まらせながら話しかけた。そして、哲男さんは須藤さんと史奈さんふたりの孫娘に伝えた。

「覚悟して、会え」と。

「お父さん、お帰りなさい――」

母子三人は十七日ぶりの父の帰宅を涙声で労った。

史奈さんが泣きながらも無理に明るい声で語りかけた。

「お父さんの顔見てたらだんだんむかついてきた。ホント、たくさん捜したんだからね」

「危ないから行くな」という哲男さんの制止を、史奈さんは「娘が父親を捜して何が悪いの！」と振り切った。余震が続くなか、ザックを背負って長靴をはいた二〇歳の女子大生は、父を捜して、壊れた町を歩きまわった。

ぼくも手を合わせた。いままでのどんなお弔いよりも、長い時間、手を合わせた。勉さんの顔をしっかり記憶に刻みつけようと思った。

口を開き、歯をむき出して紫色に変わってしまった顔を――。

家族を残したまま、突然の死を受け入れることなんてできるわけがない。勉さんの無念さが、伝わってくるようだった。

涙が止まらなかった。ぼくは悔しくてたまらなかった。

通夜振る舞いをいただいて辞去する前、須藤さんに「お疲れさま」とだけ声をかけた。彼女は小さな笑みを見せて、見送ってくれた。緊張と不安を抱えながら長い避難生活を送ってきた。これからは家族とともに父を亡くした喪失感を抱えながら歩んでいく。

「文音を無事に送り届けることができた。オヤジさんとの約束を果たすことができた」

ホテルをとった岩手県一関市に向かう車内で、土方さんはホッとした口調で零した。

心のなかに抑えきれない大きな感情の塊がわき上がる。

それが、哀しみなのか、憤りなのか、自分でも分からなかった。

三月二十八日月曜日／被災一八日目

一関から気仙沼に戻る気仙沼街道の風景の連なりが、無数の死を突き付けてきた。

路傍に並ぶ葬儀を知らせる看板の列。スーパーの店先で売る菊の花束……。

「死者・行方不明者が二万人を超えた」「三万人に達した」……。連日、テレビや新聞が報じる死者・行方不明者の数は増えていた。そのひとりひとりの死、そしてその数倍、いや数十倍もいる遺族の気持ちが、リアリティを持って立ちはだかってきた。

かねてからの知人である市役所の職員を訪ねた。身元が判明した行方不明者の名簿を作っているという。お通夜に参列したと話した。

「お会いできてよかったですね――」

犠牲者を悼む言葉よりも先に、彼女の口から出たのは、遺体が発見された幸運を喜ぶ言葉だった。それが、いまの被災地の現実だった。

階上地区。気仙沼でもっともひどい被害を受けたとされる地域だ。

海岸線に沿った集落だったのだろう。それ以上、被災前の風景を想像するのは難しかった。波打ち際が砂浜だったのか、磯だったのかも分からなかった。何もなかった。辛うじて残ったコンクリートの土台が、十八日前までここに家があり、人々が生活していた痕だった。波は、生活を根こそぎ奪っていった。家はもちろん瓦礫すらも残さなかったのだ。

海岸を歩いた。海も穏やかで天気もよかった。ひとりの女性が歩いていた。年齢は五十歳くらいだろうか。高齢の母と大学生の娘が見つかっていないと話した。

「さっきこれを見つけたんです」と彼女は手に持った潮に浸かってヨレヨレの年賀ハガキを見せてくれた。「生き残った私たちが、これからがんばんなくちゃなんねんだね。亡くなった人のことばかり考えていても仕方がないんだから」

前向きで割り切った話とは裏腹に憔悴し切った表情だった。

おばさんは、淡々と十八日前の体験を振り返った。

あの日、おばさんは母と娘とともに流された。三人はしっかりと手を握り合って波間を漂った。鴨居かなにかに運良く引っかかった。二度目か三度目か、大きな波が寄せてきた。繋いでいた手が離れた。

「お母さん、浮いて！　浮いて‼」

娘は叫びながら波間に消えた。夜。重油が漏れだした海面に火がついた。鴨居にしがみつくおばさんの目前に真っ赤な波が迫ってきた。翌朝、自衛隊に救助された。

「避難所でジッとしていると気が滅入ってしまうからね……。もしかしたら、ばあちゃんと娘も見つかるんではないかって……」

日々、自衛隊員や消防士が行方不明者の捜索をしている。漠然と海岸線を歩いて見つかるはずがない。それは彼女がよく分かっているはずだ。

「亡くなった人のことばかり考えていても仕方がない」

おばさんはそういったけれど、そんなはずがない。海に消えた家族のことが一時も頭から離れないのだ。偶然でもなんでもいいから、目の前で波間に消えた母と娘を早く見つけてやりたい。そう願わずにはいられないのだ。

かける言葉を探していた。

けれども、何も見つからない。がんばってください。そんな意味のない言葉だけは、絶対に口にすまい。それだけは、思った。

Ⅱ　忘れられない光景のなかで

三月三十一日木曜日／被災二一日目

「オレたち、一生、この風景を忘れないんだろうな……」

写真家の亀山亮が呟いた。彼は被災地で何度もそう口にした。

気仙沼。長靴をはいたぼくと亀山は、瓦礫が覆う線路を歩いていた。線路沿いの家の壁を電柱や自動車が突き破っていた。転がっているニワトリやシャケの死骸にハエがたかっている。

茫然と立っているおばさんがいた。

ぼくらに気がつくと、無言で眼前の瓦礫の山を指さした。赤黒く焼けただれた手と足のような物が突き出ている。焼けこげて縮れた茶色の髪の毛も見える。

人か。ぞっとした。けれども、よく見ると焼けたマネキンだった。この瓦礫のなかに遺体が埋まっていてもおかしくはないんだなと改めて思う。

年が明けてから亀山は、メキシコにわたっていた。激化する麻薬戦争を取材していたのだ。しかし、震災のニュースを知り、予定を切り上げて急遽、帰国。千葉県松戸市の実家からバイクを走らせて東北にきた。落ち合ったのは、三月二十九日のことだった。

亀山とは、これまで伊豆諸島の八丈島の水源地に建設されたゴミの最終処分場が抱える問題や日本の伝統捕鯨発祥の地・和歌山県太地町でいまなお捕鯨に携わる人々などを取材してきた。この十年、亀山はアフリカや中南米の内戦など日本のメディアが取り上げない「忘れられた戦争」をテーマに写真を撮っている。

二週間ほど前までいたメキシコの現場では、一日に数人の死者が出たという。そんな現場から帰ってきたばかりの亀山が、瓦礫にカメラを向けた。

「ひどいな。聞いていた以上だ」

十四時二十分。小雨が降ってきた。気仙沼港からゆるやかな坂道を上る。

軒を連ねる商店の前には、棚や椅子、電話、机、レジスター、デスクトップ型パソコンなどが積まれている。すべてに乾いた泥がへばりついている。雨粒が白い泥の表面に小さな黒い染みをいくつも作った。

「もう笑うしかないよ」と泥水が入りこんだ店の片付けをしていた八百屋のおじさんは、タオルで雨に濡れた顔を拭った。が、もちろん表情に笑みはない。

「四十一年前のチリ地震津波なんて目じゃない。まさか、あんな津波がくるなんてな……。昔からここまで水が上がってくれれば、終わりだってみんな話していたんだ。それが、きたんだからな。でも、終わるわけにはいかねえ。なんとかしなきゃな。テレビや新聞なんかがいう現実は全然違うから、自分の目で確かめていってくれよ」

まさか、ここまで――。

被災した人たちは、みな一様に口にした。

「やっぱり自分の経験則でしか、物事を考えられないんだね」

気仙沼の書店「カムイコタン」の店主の村上浩一さんの話が思い返された。

三日前、「荒蝦夷」の土方さんたちとともに「カムイコタン」を訪ねていた。村上さんは、床に溜まったヘドロを棚から落ちて水に浸った本や雑誌と一緒に、シャベルですくっていた。

駐車場には、泥まみれになった本の小山があった。そのなかには『仙台学』のバックナンバーも埋もれていた。

村上さんは地震の後、すぐに店のシャッターを閉じて避難した。溢れ出した大川の水がシャッターのわずかなすき間から、店内に入りこんだ。一メートルほどの高さまで達した水は、店のなかをかきまわすように動いた。三分の二以上の在庫がダメになったという。

「このあたりでは、チリ地震津波を経験している人が多いけど、自分たちの経験を超えた自然災害だから、みんな戸惑っている。これからどうなってしまうのか誰にも分からない。私たちは、経験則に縛られてしまっているんですね」

気仙沼、南三陸、陸前高田……。三陸沿岸の町を歩けば、あちこちに一九六〇年のチリ地震津波の水位を表示した看板が掲げられている。

〝浜の人〟たちの記憶には、チリ地震津波の記憶と経験が刻まれていたはずだ。話を聞いた沿岸部の被災者が、必ずといっていいほど引き合いに出したのは、チリ地震津波だった。けれども、東日本大震災の被害は、チリ地震津波を超えた。

もしも、経験則を基準に物事を考えることしかできないのだとしたら、新たにこの記憶と体験を刻みつけるしかないと感じる。忘れられない光景とともに――。

東北人の我慢強さって何？

四月一日金曜日／被災二二日目

〈給油不能〉

宮城県名取市のガソリンスタンドの看板には、太いマジックで大きく手書きされていた。その横に〈申し訳ありません〉と本当にすまなさそうに小さく記されている。

「あれからもう三週間も経つのか……」と看板を背にして立つガソリンスタンドの店長・片桐英樹さんは、遠い記憶を辿るようにして話した。「うちのお客さんは津波にやられた荒浜や名取の人が多いんだ。連絡が取れない家族を捜しに行くからガソリンをなんとか分けてほしいと懇願する人もいた。みんなせっぱ詰まっている。でも、何もしてあげられなかった。頭を下げるしかなかった。だって売り物のガソリンがないんだ。ひどいときには、五キロ以上も車列ができていたし、何時間並んでもらっても二千円分くらいしか給油できなかった。昼にはガソリンがなくなってしまうから、店を閉めなきゃいけない。自分の仕事ができないのがこんなに辛いとは思わなかったよ。二、三日前からようやく、少しずつだけどガソリンが入ってきはじめた。これからもしばらくは、きつい状況は続くだろうけどずいぶんよくなってきた」

日々、自動車の列を誘導する片桐さんの顔は真っ黒に日焼けしていた。心身ともに疲れているのか、眉間にはかつてはなかった深く長いしわが刻まれていた。

片桐さんはぼくの幼なじみだ。小学校から高校まで同じ学舎に通った。仙台市内の大学を卒業後、ガソリンスタンドで働きはじめた。研修のために上京した片桐さんを誘って亀山たちと酒を呑んだこともあった。

「一緒に酒を呑んで騒いだ友だちをまさか撮影することになるなんてな。腹をくくんなきゃな」

亀山は、ファインダー越しに片桐さんを捉えながらいった。

被災直後、片桐さんと連絡が取れなかった。彼が家族とともに暮らしている名取には、仙台空港がある。テレビでは、仙台空港に黒い波が押し寄せる映像を何度も流していた。そのたびに片桐さんの安否が気にかかった。

電話が繋がったのは、被災から一週間後。その日、仙台には激しい雨が降っていた。

「ずぶ濡れだ。被曝しちゃったかもな」

片桐さんは投げやりに笑った。不安を隠そうとムリに明るく振る舞っているのが分かった。

自宅アパートは福島第一原発から約八十キロ北に位置する。さらに北の仙台では、放射性物質対策のためにみな帽子を被り、マスクをしていた。原発事故の影響を懸念した片桐さんは、妻と三歳の娘を山形県上山市の実家に一時、避難させたという。

「食べ物も飲み物もなかなか手に入らない。ガソリンもないから自由に動けない。いつまでこんな状況が続くんだろうか」

片桐さんが暮らすアパートは、電気もガスも水道も止まったままだった。実家を拠点に動いていたぼくが「食べ物や水を届けようか」というと彼はいった。

「沿岸部の友だちは食べ物も暖房もないっていっていた。かなり厳しいんだろ。オレは、家も家族も無事だった。仙台では何時間か並べば物は手に入る。沿岸部の人に比べれば……。もし、沿岸部に行くなら物資はそっちに届けてほしいんだ」

片桐さんだけではない。仙台に暮らす友人たちの多くも「支援物資を持っていく」という申し出を断った。彼らは、「石巻の友人」や「大船渡に住む妹」「名取の実家」が置かれた状況を語り、口を揃えるのだ。

「こっちは大丈夫だから沿岸部に物資を届けてくれ」と。

東北の人は忍耐強い。メディアでは、被災した人々をそう評していた。

東北人の我慢強さ、忍耐強さ……。テレビや雑誌に躍るステレオタイプな論調と美談にうんざりしていた。

果たしてそうなのか。片桐さんとは二十年以上の付き合いになるが、彼が特別に我慢強いと感じた瞬間はない。ぼくも東北で生まれ育ったが、決して我慢強くはない。よく怒るし、弱音も吐く。すぐに投げ出しがちだ。

もしも、被災した人が忍耐強いのだとしたら〝東北人〟だからではないのだと思う。東北にゆかりがある人のほとんどが、三陸沿岸部に家族や親類、友人、知人が暮らしている。そして、その縁を辿っていけば、誰かが被災して、犠牲になっている。

こっちは大丈夫だから沿岸部に物資を届けてくれ。その言葉の根っこには、自分よりも厳しい状況に置かれた〝身近な人たちの存在〟があるように感じるのだ。

内陸部では沿岸部へ。そして沿岸部では被害がもっとひどい浜へ。

東北に色濃く残る地縁と血縁が、そんな気持ちを生んだのではないか。


十八時。片桐さんと別れて多賀城市中野栄に入った。二週間前、数え切れないほどの自動車がひっくり返り、折り重なっていた場所だ。

しかし、いま。ほとんどの自動車が撤去されていた。数台の自動車が転がっているだけだ。三月十一日以前ならそれでも異常な光景に違いないが、たった二週間であれだけの数の自動車を片付けたのかと驚き、そして、拍子抜けした。

こうして災禍の痕がきれいさっぱりなくなっていくのか、と。

四月二日土曜日／被災二三日目

朝、ぼくらは、泥にのまれた家の片付けを手伝っていた。

災禍の後始末がいかに重労働か。身をもって知った。

石巻市築山地区。石巻港まで六百メートルほどの住宅街だ。人の気配はない。ほとんどの家の一階部分が水に浸かっていた。一階に突っこんだ瓦礫や自動車が二階部分を絶妙なバランスで支えているような家もあった。

八時二十分。黒い海水をたっぷりと吸いこんだ布団や洋服が山と積まれた庭で割烹着姿のおばあさんと出会った。

「大変でわがんね」

八〇歳の高橋みや子さんはマスクをして、軍手をしていた。娘の家の片付けにきたのだという。一階のすべての部屋に隙間なくヘドロが入りこんでいた。台所では八三歳の夫、喜一さんと二一歳と二〇歳の孫娘、佐藤みずきさんと佐藤佑希さんが、くるぶしがすっぽりと埋まるほども積もったヘドロをスコップで掻き出していた。

「切りがねえ。切りがねえ」とすくったヘドロを捨てながら、喜一さんは繰り返した。「娘は今回の津波でずいぶん参って寝こんでしまったんだ。旦那は四年前に亡ぐなってしまった。もうすぐ息子が手伝いにきてくれるんだけど……」

大型の食器棚と冷蔵庫が倒れて複雑に折り重なっている。その上に、ヘドロが覆い被さっている。ちょっとやそっとの力じゃ、びくともしないのは一目で分かった。台所のなかで喜一さんはため息をついた。作業はほとんど進んでいない。

八十代の祖父母と、二〇歳を過ぎたばかりの孫娘たちは、家の惨状を前に途方にくれていた。男手が圧倒的に不足していた。五一歳の息子、伸之さんがやってくるのを待って、ぼくと亀山は片付けを手伝った。

まず台所の扉を外した。亀山とぼくは泥が詰まった食器棚によじのぼるようにして食器を取り出した。

冷蔵庫を開けるのは三週間ぶり。電気はもちろん止まったままだ。どれほどの悪臭か。覚悟していたが、思ったほどではなかった。さらにひどいヘドロの悪臭に慣れていたからだ。総菜や卵、調味料などをどんどんゴミ袋に入れる。

青っぽく変色した厚めの豚ロース肉が出てきた。あの日の夜の献立は、トンカツだったのか。三週間前までここで普通の生活が営まれていたんだな、と当たり前の事実に気づいた。

使えそうな物を仕分けしていたみや子さんが、ぼそりといった。

「津波っていうのは、なんでもかんでもさらっていぐんだね」

そう。人も家も日常も……。少しだけ感傷的な思いが過ぎった。けれども、泥に埋まった台所が現実に引き戻す。

黙々と身体を動かした。食器棚や冷蔵庫を外に担ぎ出していく。着こんでいたジャケットとフリースを脱いでシャツ一枚になった。シャツには泥と汗が滲んだ。片付けは一時間ほどで済んだ。

「わたしらだけだったら、どれだけ時間がかがったか分かんねがった」

みや子さんが軽トラックに積んだ携帯用ポリタンクから紙コップに水を注いでくれた。ぬるい水が、とてもうまかった。

亀山が「これからもここに住むんですか」と聞くと、みや子さんはこう応えた。

「まだ決めていねえけど……。まさか、こんな津波がくるなんてね。『津波がくる。津波がくる』っていわれていたけど、忘れてしまうんだね。でも、高台に移転するっていっても、山さ行けば山津波もくるべし、土砂崩れもあるべし。これから、どうしようかね」

まだ、誰も〝これから〟を思い描けていない。

「こういう人たちがたくさんいるんだよな……」と亀山が零した。

過疎化と高齢化が進む地域である。運良く家が残ったとしても、片付けすらもままならない人たちが大勢いるのだ。ヘドロに埋まった台所から冷蔵庫と食器棚を運び出しながら、ぼくらは、実感していた。

高橋喜一さん、みや子さん、息子の伸之さん、孫の佐藤みずきさん、佑希さん
4月2日　石巻市

申しわけない気持ち

築山地区から日本製紙石巻工場までは徒歩で十分もかからなかった。トラックが路地を走るたび、大粒の砂埃を巻き上げる。ゴーグルとマスクをつけた自衛隊員、兵庫県や愛知県から応援にきた警察官が交通整理をしていた。

巨大な紙のロールが陥没した道路脇にゴロゴロと転がっていた。紙を運ぶ列車が横転して、線路がねじ切れていた。ただでさえ胸が悪くなるヘドロと腐敗した魚の臭いとともに何かの薬品が漏れ出したのだろうか、鼻腔に刺さる鋭い臭気が漂っていた。

壊れた風景にも異常な臭いにも、もう驚きはしなかった。けれども、被害のひどさにこの町で生活する知人の状況が気になっていた。

石巻には、ぼくが大学時代に所属したラグビー部の先輩が、何人か暮らしていた。部が借り上げたアパートでの共同生活。日々の練習だけではなく、朝も昼も夜も関係なく顔を合わせる。なんでもかんでも干渉し合う人間関係にときにうんざりしながらも、濃密な時間を共有してきた。

みんな無事だろうか。

十二時二十分。石巻駅に近い「立町通り商店街」に足を運んだ。和服や日用衣類を扱う「林屋呉服店」を切り盛りする林貴俊さんは三学年上の先輩である。

最後に会ってから約十年。林さんの連絡先が分からなかったので、直接、店を訪ねたのだ。壊れたシャッターやショーウィンドーにベニヤ板をはった店舗が並ぶ商店街に創業昭和五年の「林屋呉服店」はあった。

三代目の林さんは、妻の広美さんとホースと床用ワイパーを持って、店内を掃除していた。

「在庫は全部やられたよ。でも、うちはまだいい。もっとひどいところもあるんだから」

林さんは店内で激震に襲われた。大きな揺れと同時に電気が消えた。商品はすべて床に落ちて、ショーウィンドーが割れて破片が飛び散った。

津波警報が鳴っていた。近所には高齢の知人が多い。両親と妻を実家に帰した後、高校時代の恩師や親戚らの無事を確かめようと林さんは降りはじめた雪のなかを自転車で走った。

知人は全員無事。実家に向かう前、一度、店に戻った。高額な呉服を二階の在庫置き場に運び、携帯電話の充電器など必要な物だけを持って表通りに出た。

驚いた。商店街の大通りに水が溢れて、まるで川のようになっていたのだ。

普段なら両親と妻が待つ実家までは徒歩で十分ほど。数十分前まで道路だった川の流れに足を取られながら実家を目指した。

いまになってみれば、迂回すれば浸水していない道があったと思うのだが、そこまで気がまわらなかった。林さんは元ラグビー選手らしく川をわたって最短距離で家を目指して突き進んだ。

実家の前の三叉路。信号が消えていた。渋滞して自動車が進むことも戻ることもできなくなっていた。林さんは、とっさに交通整理をした。

「なんでやったのか、自分でも説明できない。だって人のことよりもまずは自分の家族が先でしょう。早く戻らなきゃと思っていたのに……。記憶が曖昧になってはいるんだけど、ただなんとかしなきゃと必死だった」

雪のなか、林さんは次々とやってくる自動車を誘導した。軽自動車の運転席から若い母親が顔を出した。切迫した様子でまくし立てる。

「門脇には行けませんか！　小さい子どもがふたりで家で待っているんです‼」

門脇は津波の後、火災に見舞われた地域である。

林さんには、どうすることもできなかった。

「こっちはダメです。水がきているから通れませんよ」

「どうしよう、どうしよう……」と母親はうろたえ、取り乱した。

最初の揺れから約一時間後。降り続ける雪と町に溢れ出た水でずぶ濡れになった林さんは、ようやく実家に戻った。

「オライ（うち）も山の方さ、避難すっか」

このままだと、ここもやばいんじゃないか、と感じた林さんがそう提案すると、七二歳の父、正昭さんが「どうしても家に残りたい」と聞かなかった。

「林屋呉服店」の四人は、自宅の二階に避難した。一時的に水が引いた。安堵したのもつかの間、十七時ごろからじわりじわりと増水した。水が玄関を越えた。茶の間の畳を濡らした。そして、階段を少しずつ少しずつ上ってきた。

一階から煙が上がった。蓄熱暖房の設備が水に浸かってしまったのだ。

「こんなはずじゃなかった……」。母の京子さんは家に残ったことを後悔した。

夜。外でいくつもの電子音が響きわたっていた。「ピーピーピー」という自動車の警告音。自動車はルーフまで完全に水に沈んだ。林さんの家では三台の自動車がダメになった。水は夜が明けるまで増し続けた。

「いったいなんの水なの」と妻の広美さんは思った。「ラジオでは『津波で数十人が取り残された。何百人が孤立……』といっていました。でも、ここまで津波の水がきているなんて想像できませんでした。状況がまったく分からなかったんです。不安で仕方なかった。『いまのわたしたちの状況も孤立っていうんだよね』と話したのを覚えています」

林さんは楽天的に捉えていた。

「店の在庫は全部やられているだろうとは思っていた。在庫がダメになったら商売としては手足をもがれたようなものなんだけど……。おそらく日本中がこういう状況なんだろうから仕方ないな、と。船を買わなきゃなって、これからは船上の生活かって、冗談じゃなくて本気で考えていたくらい。まさか、石巻でこんなに人が亡くなっているなんて想像もしていなかったから」

丸二日、林さんたちは避難時に作ったおにぎりとペットボトルの水で空腹をしのいだ。防寒具を着こみ、毛布を被って寒さに耐えた。

三日目になると、徐々に水位が下がってきた。一階にはプカプカと畳が浮いていた。ボラやイカが泳いでいた。

正午ごろ、二階の窓から冠水した道路を高校生が三人、バシャバシャと音を立てながら歩いていくのが見えた。窓から顔を出した林さんが声をかけると、「大丈夫。もう歩けるところありますよ」という返事が返ってきた。林さんも様子を見るために外に出てみた。人工透析を受けている正昭さんを病院まで運ぶ手立てを考えなくてはならなかった。

どうせ濡れるのだから、とグリーンの海水パンツをはいた。男物の長靴が見つからず、仕方なく花柄の長靴を代用した。みぞおちまでの水かさ。胸下まで上着をたくし上げた。いまもウェイトトレーニングを続けるがっしりとした体格の「林屋呉服店」の若旦那が突飛な格好をして水のなかを歩いていく。その様子を近所の人たちが二階から好奇のまなざしで見守っていた。

大通りに出ると大型のボートを引っ張っていく五人組がいた。父を病院まで乗せてもらえないだろうか。期待した。

「どこに行くんですか」と声をかけたが、五人はすごい剣幕だった。

「これは個人の船です！　これからこの人の娘を捜しに行くんです」

殺気すら感じた。取りつく島がなかった。

そんないい方はないいんじゃないか。憤りを覚えるのと同時に、こうも感じた。

「大変な状況に置かれているのは自分たちの家族だけではないのか。いま、みんなそれぞれの目先の問題で一杯一杯なんだな」

近所の人に海水浴で使う子ども用のゴムボートを借りて、正昭さんを知人宅まで運んだ。その後、林さんは、浸水していない高台まで母と妻を順番に肩車した。

えらいことになった——。

林さんがそう身に沁みたのは、石巻港を見に行ってからだ。見慣れた故郷の風景が変わり果てていた。道行く人はみな下を向き、力なくとぼとぼと歩いている。

瓦礫のなかやヘドロの下にはまだまだ遺体があるはずだ。それに気づくと、被害を記録しようとカメラをぶら下げてきたことが、申しわけなくも、忍びなくも、思えてきた。

そんな状況だから林さんは、「林屋呉服店」の店舗も流されているのを覚悟していた。けれども、床上三〇センチほどの浸水で済んでいた。また実家近くにある林さん夫妻が暮らすアパートも幸い被害を免れていた。

「いちからやりなおしだな」

アパートに拠点を移して店の片付けをはじめた。ほとんどの在庫がダメになったが、なかにはまだ使えそうな肌着や布団があった。避難所に持って行こうとひとまとめにした。

シャッターを開けて店内を整理していると、ぽつりぽつりとお客さんがやってきた。病院に泊まりこみで働いている看護師は、「多少、汚れている物でも構わないから下着がほしい」といった。必要な人には無料で配った。

三月十四日。「林屋呉服店」は営業を再開した。

背中を押してくれたのは、衣類を必要とする人たちだった。

被災から四日。「立町通り商店街」ではもっとも早い営業再開だった。

「これから忙しくなるぞ」

そう話す正昭さんに林さんは、「オヤジはいったい何をいっているのだろう」と思った。こんな非常時に着物を買う人なんているわけがないと。

「『洗い』を受けないとダメだ。チリ地震津波のとき、たくさんのお客さんが水に浸かった着物を持ってきたんだ」と正昭さんはいった。父のいう通り、しばらくすると「どえらい数の洗い物」が持ちこまれた。いままでに経験がないほどの量だった。

林さんは、四人兄弟姉妹の三番目。次男である。東京で暮らす姉と石巻市役所に勤務する兄とは連絡が取れていた。けれども、女川の小学校で働く末っ子の麻衣さんとは連絡が途絶えたまま。時々、正昭さんは思い出して「オライの麻衣は……」と涙ぐんだ。

「冷たいっけべなあ。かわいそうにな……」。林さんは最悪の想像をしながら妹を捜す準備に取りかかった。

女川も被害がひどいという。希望はあえて捨てた。もしものとき落胆するのが怖かったからだ。情報を集めてみると女川までの道路は通行止め。自動車は通れないが、徒歩か自転車ならば行けるらしい。

三月十五日。毛布や水を準備していよいよ自転車で出発、というとき、同僚の自動車に乗せられた麻衣さんが泣きながら帰ってきた。

林さんは被災直後の日々を振り返った後、こう語った。

「家が浸水したくらいで済んで、家族も全員無事で……。最初は、『よかった』と素直に思えた。でも、身内を亡くしたり、家を失ったり、本当に死ぬような体験をしたりしたお客さんたちも大勢いた。そんな話を聞くとね。なぜか、申しわけない気持ちになってきた」

震災後、はじめて風呂に入った日に抱いた怒りを鮮明に覚えている。

三月二十四日。林さんは、被災を免れた友人の家で二週間ぶりに入浴して、テレビを見た。吉本興業が協賛する「沖縄国際映画祭」を生放送していた。芸人たちが華々しくレッドカーペットを歩いていた。

「『エッ』と思ったよ」と林さんは語気を強めた。「確かに他の地域の人にとったら毎日、被災地の映像を見るのは辛いかもしれないし、ずっと前から決まっていたイベントなのかもしれない。でも、何もいまやらなくたって……。まだ食べる物も満足にない。ガソリンもない。自粛してほしいというのとは違うんだけど、テレビは他にやるべきことがあるんじゃねえかって。中途半端な美談なんかいらなかった。ヘリコプターをバンバン飛ばして、小さな浜の本当の状況を伝えてほしかった。生々しい現実を全国に伝えてほしかった」

別れぎわ、自動車に積んだハクサイやダイコン、リンゴなどを林さんにわたそうとした。

「うちはいいからもっと大変な人に持って行ってよ」と断る林さんに対して、ぼくは「林さんも十分大変だと思いますよ」といって、広美さんに手わたした。

「貴重な物をありがとうございます」と広美さんは頭を下げた。

いま、石巻ではハクサイやリンゴが〝貴重な物〟なのか。広美さんの一言が胸に沈んだ。三週間が過ぎたいまも、食料が不足していた。満足に食事ができない人もいた。石巻の中心部でもそうなのだ。沿岸部には、小さな浜が無数に連なる。物資が満足に届かず、孤立している集落が数多くある。

石巻といっても中心部と、かつて捕鯨が盛んに行なわれた鮎川などの小さな浜では状況はまったく異なるはずだ。ぼくと亀山は、小さな浜を訪ねようと考えていた。

林貴俊さん、広美さん
4月2日　石巻市

尾浦へ

十三時四十分。「林屋呉服店」を後にしたぼくと亀山は、大学ラグビー部時代のひとつ年上の先輩である及川龍次さんとともに女川町尾浦に向かった。

尾浦は、及川さんの祖母が暮らしていた小さな浜だ。あの日、海に消えた祖母は、未だに見つかっていなかった。

「JAいしのまき」に勤務する及川さんと会うのは三年ぶり。捕鯨をテーマにしていたぼくは、鮎川を訪ねるたび、石巻駅前に宿をとり、及川さんに酒をごちそうになった。

ニッカボッカにドカジャン、ゴム長、頭にタオルという出で立ちの及川さんと落ち合ったのは、石巻市蛇田地区。祖母の家を片付けるという。彼の実家がある蛇田は津波被害はそれほどひどくなかった。電気もガスも水道もすでに復旧している。けれども、線路一本、隔てた近所は、水に沈んだ。避難所暮らしを続ける知り合いは多い。

「天国と地獄だ」と及川さんは続けた。「オイ（オレ）の家はなんともなかったから……。最初は、いがった（よかった）、いがったって喜んでたんだけど、このごろ罪悪感みたいなものがあるんだ」

及川さんが語る「罪悪感」は、林さんが抱く「申しわけない気持ち」と共通したものだ。自分は家族も家も無事だった。けれども、職場にはふたりの子どもを亡くした同僚がいる。幸運を素直に喜べなかった。

「泥棒が多いから気をつけろ」

撮影しようと自動車を停めるたびに及川さんは繰り返した。鍵はロックされているか。後部座席に積んだ物資が隠れているか……。及川さんは何度も確認した。

何もそこまで、と感じるほどだった。治安が悪化しているのだという。

「家も家族も流されて自暴自棄になってしまった人がたくさんいる。オイだって、もしも家が流れ、娘がやられたら、と思うと……。そんな人たちの気持ちが分からないわけではないんだ。みんな普通の状態じゃあねえんだ」と及川さんはいった。

石巻には「おにぎり一個を奪い合って人が死んだ」という噂が流れていた。その話を何人に聞いただろうか。「ただの噂だよ」と一笑に付す人もいれば、深刻な表情で重大な秘密を打ち明けるように話す人もいた。おにぎりが弁当だったり、犯人が外国人だったり、話す人によってディテールは変わるのだが……。ただ、そんな話がまことしやかに語られるほど、石巻では、食料が不足し、治安が悪化していた。

国道三九八号線を走り、女川に入った。坂道を上ると、右手に〈仮埋葬場〉という看板があった。高台を下る。町の中心部が一望できた。しかし、そこには、何もなかった。

女川にはラグビー場がある。高校時代、試合があると、前日に女川に入って軽い調整練習をした。その後は自由時間。宿のおじさんに釣り竿を借りて岸壁で釣りをした。ドンコやメバルが釣れた。けれどもぼくが知っている町はもうなかった。

及川さんの祖父が以前から入院しているという女川町立病院の駐車場に自動車を停めた。病院は海抜一六メートルの丘の上に建つ。ここからも女川港を中心に町を見下ろせる。鉄筋の建物が横倒しになっていた。地面に接していたはずの建物の底面が見えていた。サイコロのように鉄筋の建物が転がったとしか思えなかった。

「信じられるか、ここまで波がきたんだぞ」

及川さんの眼下には、町の残骸が横たわっていた。

地震の直後、津波を恐れて港の周囲にいた人は自動車でこの駐車場に避難してきた。みなこの丘の上から自分の家が職場が波にのまれていくのを見ていた。しかし、波は、この駐車場に避難してきた人と自動車をのみこみ、病院の一階部分に突っこんだのだ。

まるで粘土のようにグニャリと変形した駐車場の金属製の柵が、津波が標高一六メートルの高台を悠々と越えていった事実を伝えていた。

女川町立病院から及川さんの祖母の家がある尾浦地区までは、二十分ほどの道のり。途中、陸に打ち上げられた大型船が道を塞いでいた。その先の小さな集落――。

「もう住所もなんもねえ」

三十年間、サンマの加工場を営んできたというおじさんはむりやり笑った。住居兼サンマの加工場だった建物は土台だけを残して消えていた。いまは石巻の親戚の家に避難しているという。

「家の二階に逃げたんだけど、あっという間に首のあたりまで水がきて、家が持っていかれた。山の方さ流されたから助かったんだ。運が良かった。沖に持っていかれていたら間違いなく命がなかった。家が崖にぶつかったから、必死でベランダから逃げた。草や木の枝を掴んで崖をよじ登った。そして、山のなかに避難してきた人たちとたき火して一晩、過ごしたんだ。雪は降ってくるべし。濡れたままだべし。裸足だべし。寒いなんてもんじゃなかった。夜が明けて山をひとつ越えて女川の病院に向かったんだ。そしたら、白い長靴が方っぽだけ落っこちてた。それを拾ってはいた。しばらく行くと、今度は赤い長靴が落ちていた。紅白の長靴をはいて何時間も歩いたんだ。やっとの思いで病院さ着いたら、あべこべの長靴をはいてたのが、おもしゃいんだっけべなあ。看護婦さんに笑われたんだっちゃ」


　女川町尾浦。人口約二百人。死者・行方不明者十九人。小さな漁村は瓦礫だらけ。石巻や女川の中心部では、人の手が入り、瓦礫の片付けが少しずつ進んでいるのが分かった。けれども、この浜では、重機もトラックも見かけなかった。人の姿もまったくない。瓦礫の撤去ははじまっていなかった。

「ばあさんが流されちまってもう三週間か……。消防の人が捜してくれたし、先週、オイも、オヤジと捜したんだ。もしかしたらって。でも、もうムリだべな。見つかったとしても身内でも分かんねえんだろうな」

　及川さんは祖母の亡骸を捜していた。見つけられるわけがないと知りながら。

地震の直後、「高台に避難しましょう」という近所の人に及川さんの祖母は「二階までは波がきたことはないから」と自らの経験則に従って二階に上った。そして、行方が途絶えた。

及川さんの祖母が暮らしていた家に土足で入った。

ひょっとしたら……。手つかずの室内は、そんな憶測を抱かせる。

網が絡まった電柱のような柱が屋根と壁を貫いていた。二階からは、波がほとんどない湾が見えた。難を逃れた数隻の漁船が浮いている。尾浦湾は、女川の他の湾に比べても水質がよくギンザケやホタテ、カキなどの養殖が盛んに行なわれていたという。

「尾浦はどうなっちゃうんだろうな」

及川さんの問いに応えられるわけはなかった。もちろん及川さんも答えを求めていたわけではないだろうが。及川さんは続けた。

「当然、昔の尾浦に戻ってほしい。でもな、オイの気持ちを抜きにして、現実的に考えてみるとやっぱりそれは厳しいのかもしれねえって思うんだ」

たとえば、いま急ピッチで瓦礫を撤去している石巻や気仙沼、南三陸の中心部では、これから新たな建物ができていく風景を想像できた。そう望む住民も多いはずだ。

けれども、尾浦はどうか。尾浦港の水揚げ高は女川全体の四割から五割を占めたという。他の浜に比べ、後継者も多いらしい。とはいえ、他の三陸の町々が、この数十年、解決できなかった問題を尾浦もまた抱えていた。少子化、高齢化、過疎化、後継者不足……。それらの問題が進めば、いずれ「限界集落」になる。

津波は、地域の問題を前倒しにして突き付けてくる。生き残った人々は、この浜での生活を続けるかどうか選択を迫られる。いや、そもそもこの浜にもう一度、家を建て生活を続けるのが可能なのか。尾浦の人々はどんな選択をするのだろうか。

ぼくは、改めてこの浜を訪ねようと考えていた。

「ここで一枚、記念に写真撮ってけろ。この家も取り壊すしかねえんだから。泣いている顔の方が絵になるんじゃねえの。いつでも泣いてやるからさ」

及川さんは、祖母が暮らしていた壊れた家の前で冗談めかした。いつものようにおどけているのだと思った。でも、違った。本当に涙を零した。

「言葉がねえ……」と声を震わせて。

亀山が、及川さんにカメラを向けた。十五年の付き合いだが、及川さんが泣くのをはじめて見た。及川さんが生まれ育った石巻も、母の田舎として親しみを抱いていた尾浦も、津波がのみこんでいった。

被災後、三日目の朝。

及川さんは石巻の町を眺望できる日和山公園に自転車で登ってみた。眼下の町は静かだった。瓦礫の海にいくつか建物が残っているだけ。太平洋まで遮るものは何もなかった。

標高五六メートルの山の頂きにわずかに声が響いてきた。

「誰かいませんか！」「返事してください！」……。

行方不明者を捜索する自衛隊員の叫びだった。

自分と同じようにこの町で生まれ育った人たちが、眼下に埋まっているのだ。辛かった。涙が流れた。泣けてきて、泣けてきて、仕方がなかった。

以来、些細なことで涙が溢れるようになった。涙の引き金となったのは、壊れた故郷に途切れ途切れに響いていた生存者に呼びかける声だった。

それは、及川さんだけではなかった。みんな泣いていた。

尾浦に向かう前、ぼくらは「立町通り商店街」で百年以上も続くというカーテンや敷物を扱う「シティプラザ青山」の青山澄江さんと出会った。店内にはヘドロが残っていた。

「人の力ではどうしようもないんだね」と七三歳の青山さんは、商品だった汚れた布を抱えて掃除していた。「戦争もチリ地震津波も宮城沖地震も全部体験したけど、こんなにひどいのははじめて。まだ見つからない親戚がいるんです。一週間くらい前までいた避難所では、食べ物も飲み物もあんまりなくて……。でも、誰も悪くない。津波は誰のせいでもないんだから、戦争よりもまし。みんなで力を合わせてがんばるしかないんです」

青山さんは、強がりながらも、声を詰まらせた。

途中に立ち寄った集落、女川町石浜地区。

「いったい何人がこの浜に残るか……。でも、私はこの浜の再建が見たいんだ」

かつて家が建っていた土台の上で、七五歳の白石和子さんは話した。そこから骨格だけになった建物の屋根に漁船が乗っているのが見えた。亡くなった夫が建てたカキの加工場だ。上空をカモメの大群が飛び交っていた。

「バリバリバリって家を壊しながら、ゴーゴーゴーって波が襲ってきた。だんなの位牌だけ持って逃げたの。私の車は家につぶされてペシャンコになってしまった。何もかも流されてしまってもう何も残ってない。でも、ここを離れたくないんだ」

段ボール箱のなかに柱時計と湯飲みが入っていた。この日、白石さんが探し出せたのは、それだけだった。自動車に積んでいたハクサイやリンゴ、ダイコンをわたすと、白石さんはほおかぶりしていた厚手のスカーフで目頭を拭った。


女川町総合体育館に避難する白石さんを訪ねたのは、一ヵ月後だ。

「あの時期、食べ物がなんにもなくってね。いつもチューブに入ったゼリーみたいなドリンクを飲んでたんだ。特に温かい物はぜんぜんなかった。だから、湯気が立っているお湯やお茶を飲んでいる人を見ると、オレも飲みたいなあって思ってたんだっちゃ。鍋やヤカンを持っている人がうらやましくって。たき火でお湯を沸かせるでしょう。だから、もらった野菜とお湯を交換してもらったんだよ……」

被災から三週間が過ぎた。テレビではバラエティ番組がはじまった。けれど、被災地には、お湯さえ自由に飲めない人がいた。そんな現実のさなかにある小さな浜をぼくらは歩いていた。

及川龍次さん
4月2日　女川町

捕鯨基地・鮎川

四月四日月曜日／被災二五日目

十四時五十分。

陸に打ち上げられた船を見て、一目で分かった。

捕鯨船だ、と。

トップマストに設置されたクジラを探すための見張り台。船首に備えられた捕鯨砲……。石巻の鮎川港を母港とする捕鯨船「第二十八大勝丸」。鮎川はまだ数キロ先のはずだが、牡鹿半島の石巻湾沿いのひどく傷ついた道路と景色が、方向感覚と距離感を狂わせていた。どこを走っているのか、混乱した。何度も通った一本道なのに。

石巻の中心部から東へ三十キロ。鮎川で捕鯨がはじまったのは、一九〇六年のことだ。商業捕鯨時代、日本水産の捕鯨船のキャプテンを務めた伊藤倁《じん》さんを訪ねたのは、二〇〇六年。鮎川で捕鯨が行なわれて百年目という節目の年だった。

一九二三年に鮎川で生まれた伊藤さんは、かつての町をこう語っていた。

「昭和三十年代までは、鮎川にはホステスを十五人も揃えたキャバレーもあった。カフェや赤提灯が三十軒以上はあった。夜になると、どこの店でも流行歌を流してね。賑やかやかだったんだ。客引きのホステスが港に停泊した捕鯨船に乗りこんできたこともあった。深夜十二時過ぎても町は騒がしかった。子どものころからそんな雰囲気だったよ」

伊藤さんの父、利平さんは山口県長門市出身。鮎川の捕鯨には、長門が大きく関わっている。一九〇六（明治三十九）年、長門市に本拠を置く「東洋捕鯨」が鮎川に事務所を開設した。利平さんは「東洋捕鯨」の社員として鮎川に移り住んできた人物だった。

三陸の一漁村だった鮎川は、捕鯨の町として歩み出した。「東洋捕鯨」のあとを追うように捕鯨会社が相次いで鮎川に事務所を構えた。数年の間に日本全国で十二社あった捕鯨会社のうち九社が鮎川に進出した。

捕鯨基地として発展していくと、鮎川には日本中だけではなく海外からも捕鯨業者が集まってきた。戦前は、捕鯨国であるノルウェーの人々も鮎川に暮らしていた。なかには、ラッコやクジラを捕獲して生きる極東ロシアの少数民族を雇う会社もあった。

大型のセミクジラを捕獲した捕鯨船は満艦飾で空砲を撃ち鳴らしながら湾内を三周した。その様子を波止場で見た子どもたちは、決まってクジラ捕りに憧れた……。

伊藤さんも一五歳になると福岡県北九州市にあった日本水産の船員養成所に入った。捕鯨が生業になった。三五歳で捕鯨船のキャプテンを任された。七度の南氷洋捕鯨、一度の北洋捕鯨を経験。引退したのは、一九七八年。五五歳のときだ。

伊藤さんが船を下りた十年後。日本は南氷洋での商業捕鯨を中止した。戦後、各国が大型のクジラを大量に捕獲した。数が減り、種によっては絶滅の危機に瀕した。保護の必要性が訴えられた。捕鯨は国際問題になったのだ。

以来、日本は、南氷洋と北西太平洋、太平洋沿岸でクジラの生態や資源量を把握するための調査捕鯨を続けている。

だが、和歌山県太地、千葉県和田、北海道釧路、鮎川などでは、沿岸での商業捕鯨が行なわれている。毎年、捕獲枠を決めて、ツチクジラやゴンドウクジラなどの小型の鯨類を捕っている。鮎川はいまも捕鯨を続けているのだ。

ただし、町の基幹である捕鯨事業の縮小とともに鮎川の過疎化も進んだ。鮎川は、二〇〇五年に石巻市に合併された牡鹿町の中心集落だった。

一九六〇年には、牡鹿町の人口は一三、七五三人。鮎川には、約四千人もの人が暮らしていた。けれども、牡鹿町の人口は減り続ける。

以下、牡鹿町の十年単位での人口の推移だ。

一九七五年、九、五三五人。

一九八五年、七、八一四人。

一九九五年、五、八九一人。

そして合併した二〇〇五年には、四、八八二人。震災前の二〇一〇年、牡鹿町の人口は、四、三二一人にまで減った。六十年間の間に三分の二の人が牡鹿町から消えたのだ。

震災前に鮎川を歩いてみても伊藤さんが語る賑やかな町の風景を想像できなかった。当時、人口は千五百人ほど。古ぼけた店舗跡らしき建物が多かった。痛みの激しさから長い間使われていないのが分かった。営業している土産物屋やクジラ料理屋があったが、観光客らしき人はいなかった。いや、人とほとんど会わなかった。

それでも、クジラの町である。

「これからミンククジラの生肉を配給します」

町を歩いていると、町内放送が聞こえた。厳密にいえば、配給ではない。一キロ三千円。一人二キロまで沿岸の調査捕鯨で捕獲したミンククジラの生肉を販売している。鮎川の人々はあらかじめ買った引替券で生肉を「配給日」に購入する。クジラの町ならではだな、と感じたのを覚えている。

しかし、その町は、跡形もなく破壊されていた。波止場のそばの駐車場が水に浸かっていた。地盤沈下したのだ。地震と津波のエネルギーは地形さえも変えてしまっていた。

伊藤さんの家を探した。建っていたと思われるあたりは、建物がひとつ残らず消えていた。家も土産屋も観光案内もクジラ料理を出す店も……。町がまるごと消えていた。

伊藤さんは無事か。胸がざわつき、背中から首筋にかけて鳥肌が立った。

坂の途中に建つ民宿の庭で、おじさんが風呂に入れるお湯をドラム缶で沸かしていた。燃料は沢水で洗って乾かした瓦礫。鮎川では何人が行方不明になったのか、正確な数が分からないと話した。おばさんが風呂に入りにきていた。津波後、初の風呂だという。

「侃さん（伊藤さん）は無事だよ。清優館に避難しているはずだな」

民宿のおじさんが教えてくれたデイサービスセンターの清優館は、約二百人が身を寄せる避難所になっていた。小さな体育館ほどのスペースに大勢の人がいた。避難している人の表情も着こんでいる衣服もくすんでいるように見えた。

畳一畳分ほどのスペースで、伊藤さんはニットキャップをかぶり、小柄な身体を毛布にくるんで横になっていた。今年、八八歳になるはずだ。

避難生活はもうすぐ一ヵ月になろうとしている。避難所からも、伊藤さんの姿からも疲労感が伝わってきた。長く留まるのはためらわれた。水や果物をわたして、再訪を約束した。

「クジラ捕り追想記会」が発行した『遙かなる海』に寄稿した「クジラと出会った少年」と題したエッセイで伊藤さんは在りし日を回顧している。

〈海原より吹き寄せる潮風を浴び、真っ黒に日焼けして磯部を遊び場とした少年時代に、父の精力的な仕事ぶりを見続けた〉

伊藤さんは、初漁の記憶を情感たっぷりに振り返る。

〈風馨る五月半ば、まだ明けやらぬ早暁、胸はずませて鮎川港を出港し、金華山沖の漁場へと向かった。初めての航海に躍る心と裏腹に、蒸気機関特有の熱気とペイントの入り交じった匂いに、多少船酔い気味であった〉

はじめて出合ったのは、ザトウクジラだった。

〈太陽に映える鯨の息吹は、噴水のように吹き上がっては煙のように消滅し、数回繰り返された。「フルスピー」の号令のもと、船は約三マイル彼方の鯨に向かって全速前進を開始した。悠々と泳ぐ鯨との遭遇に、興奮と喜びで私の船酔いは知らぬ間に醒めていた〉

〈息詰まる緊張感が続く中、鯨がヘッド（船首）のやや左舷側を横切り、潜水のために、大腰を上げた。その距離約四十メートルと思った瞬間「スタンバイ！」の大声と共に砲の引き金が引かれた。鼓膜を破るような轟音とともに、銛は閃光のように飛んで行った。「命中！　命中！」と総員の大歓声があがった〉

そしてこう締めくくる。

〈私は十五才で初めて鯨に出会った時の感動を胸に抱き続け、五十五才で退職するまでの四十年間、南に北に大洋を駆けめぐり、鯨を追い求める事に生き甲斐を感じてきた。現在は自適な生活をしているが、老いたりとは云え、鯨に対する情熱はいっこうに衰えてはいない〉

後日、読みなおした。流された自宅で、捕鯨船の自作模型を手に取り、捕鯨作業の手順や様子を教えてくれた五年前の伊藤さんの姿が蘇った。胸が詰まった。

鮎川には会いたい人がもうひとりいた。二三歳の名和隼太さん。現役の調査捕鯨船員だ。ぼくは、二〇〇八年夏に実施された北西太平洋での調査捕鯨に同行した。九十日間の航海。「勇新丸」の乗組員だった名和さんとは、何度かビールを呑んだ。

〝てっぽうさん〟と呼ばれる捕鯨の花形、砲手になるのが夢だと名和さんは語った。口数は多くないけど、芯が通った青年だった。

洋上で話題になったのは、捕鯨のこれから、そして鮎川のこれから。

名和さんは小型の重機を操り、瓦礫を片付けていた。見慣れたエメラルドグリーンの作業着を着ている。調査船を運航する船会社のユニホームだ。名和さんは浅黒く陽に焼けていた。震災の翌日からずっと瓦礫の撤去を手伝っているという。病院までの道路は瓦礫に覆われてしまっていた。自動車一台が通れるだけの道幅をとりあえずは確保しなければならなかった。

重機の運転席で名和さんは祈りながらハンドルを握っていた。瓦礫のなかにはこの町でともに生きてきた人たちの遺体が埋まっているかもしれない。頼むから出てこないでくれ、と。

「四月下旬から北海道沖でクジラの捕獲調査をやるらしいんですよ。聞いてますか?」と、名和さんは切り出した。「でも、地元がこんな状況じゃ、行けないよね」というぼくに名和さんは「いや、ぼくは行くつもりなんです」と即答した。

「鮎川はクジラの町ですからね。オヤジも捕鯨関係の仕事していたというのもあって、ずっと捕鯨船に乗るのが夢だったんです。ぼくが生まれた年に南氷洋の商業捕鯨が終わった。ガキのころには、もう鮎川は寂れていた。昔みたいに捕鯨関係の仕事に就く若い人はほとんどいない。そのうえ、津波がきて、町がこうなってしまった。もしも、ここで捕鯨を手放したら——鮎川には本当に何もなくなってしまう。ぼくが捕鯨に携わるのが、町のためでもあるのかなって思うんです」

でも、同時に不安も感じている。

「これから鮎川がどうなるのか。ぼくは、家も無事だったし、残りたいとは思っているのですが」

そう。壊れた町が視界に入った瞬間、ぼくも思ったのだ。

鮎川はどうなるのか、と。

民宿の風呂に入りにきていた五十代のおばさんはこういっていた。

「娘が埼玉で暮らしているから、そっちに行こうかと相談しているの。いまのままじゃ、いつ水道や電気がくるか分からないしね。ここを出ようかなって。生まれ育った町だけど、こうなったら仕方ないのかな」

これからも鮎川で暮らし続ける人は、どれほどいるのか。

石巻や女川の中心部、尾浦、そして、鮎川……。町の規模も産業も被害もそこに暮らす人々の思いや気持ちも違うはずだ。


前日に訪れた仙台市若林区の荒浜で出会った人たちを思い出していた。

被災直後、二百人から三百人の遺体が発見された浜だ。女川や石巻の小さな浜で出会うのは圧倒的に高齢者が多かった。一方、新興住宅地だった荒浜で出会う被災者の年齢は若かった。建てたばかりの家が被害にあっていた。建築途中の家もあった。

若い女性が「さっき、そこの自動車のなかから三人見つかったそうです」と教えてくれた。彼女の視線が捉えている大型のクレーンを囲むように自衛隊員がいた。見渡す限り瓦礫の海の上、そこかしこで長い棒を持った男たちが遺体を捜索していた。

ぼくと亀山は、釘を踏み抜かないように気をつけながら瓦礫の上を歩いた。あちこちに漂流物を入れたプラスチックカゴが置いてある。ディズニーのキャラクター「スティッチ」のぬいぐるみ、子ども用の学習帳、茶碗、教科書、ランドセル、アルバム、メガネ、帽子、カメラ……。集められた漂流物からも子どもが多い町だったと想像できた。

一組の夫婦が壊れた家から使えそうな物や思い出の品を探してはビニール袋に入れていた。言葉はない。ただ黙々と作業を続けるふたりの姿から家を失ったショックが伝わってきた。

「今日、四月三日が新築一周年の記念日だったんです」と三七歳の萱場ひろみさんはいった。家族のアルバムを手にした四〇歳の夫、康博さんはずっと無言だった。

武藤隆博さんとみやさんの夫妻はともに三九歳。ふたりに、津波によって引きちぎられて二階部分だけになってしまった家のなかを見せてもらった。驚かされたのは、二階部分だけが、宅地から一キロも流されていた事実だ。

まだ築七ヵ月しか経っていない。ひどく傾いた床には幼児用のオモチャが転がっていた。この家で夫婦とふたりの子どもは七ヵ月間、生活を送った。その日常がずっと続くと信じて――。

「お家とお別れです」とみやさんは話した。「もう壊れてしまったんだと諦めていたんです。でも、さっき家のなかで家族のアルバムを見つけることができました。たったそれだけなんですが、うれしいです。四歳と一歳の子どもが大きくなったら、昔、荒浜に住んでいたんだよって、アルバムを見せてあげたいです。きれいないい町だったんですよ」

割り切れない妻の思いを引き継ぐように隆博さんは笑った。

「子どもたちのためにも、もう一軒家を建てて見せますよ。新しい家ができたら遊びにきてください。でも、もう海の近くには住みたくないなあ」

隆博さんは道路のフェンスやガードレールを設置する会社に勤務しているという。

年齢、職業、家族構成、それまで暮らしていた町……。置かれた環境や被災の状況によって「生活再建」の道筋は、当然、大きく違ってくる。

将来、武藤さん夫婦が、もう一度、家を建てたとしたら、長期間にわたり、二重にローンを支払い続けなければならないだろう。

「がんばれ」といわれても「復興」と叫ばれても、もう荒浜での七ヵ月の暮らしは絶対に取り戻せない。メディアの関心が薄れたとしても被災地のこれからは続く。「がんばれ」も「復興」も、被災した人たちそれぞれの先に続く無数に枝分かれした長いこれからを一顧だにしないフレーズにしか聞こえなかった。

復興なんて生やさしいもんじゃない

四月五日火曜日／被災二六日目

「復興なんて、そんな生やさしいもんじゃない」

女川町指ヶ浜でカキやホヤの養殖を手がける漁師の鈴木忠一郎さんは語気を強めた。

「オレは、再開した漁業が軌道に乗るまで五年。いや十年と見ている。それでもここで生きていく。この海以外で生きていくなんて考えたこともないから。いまはようやく笑って話せるようになったけど、最初の二、三日は本当に深刻だった。どうしようもなかった」

道を挟んだ先に広がる海は、家も仕事道具の漁具も流していった。四艘あった漁船のうち一艘が波にのまれた。

鈴木さんは、息子の克彦さんとその妻の紀子さん、娘の千秋さんとともに家の片付けをしていた。かつて玄関があった場所に大型のデジタルテレビが出されている。三ヵ月後からはじまる地デジ化に備えて購入した新品のテレビには白い潮が浮いていた。

鈴木さんの家族は、すぐ上の高台に建つ弟の家に身を寄せていた。忠一郎さんが指さす家の屋根には、大型の貨物コンテナが乗っていた。紀子さんがいった。

「ここを通る人が携帯電話で写メを撮っているのを見ると、とてもイヤな気持ちになるんです」

東松島市出身の紀子さんは実家の母が行方不明だ。三月十日、母と会って「津波には気をつけなきゃね」と話をした矢先だったという。

〈宮城のかき〉

〈貯金は漁協へ〉

そう記されたコンテナが民家の屋根の上に乗る風景はシュールだった。

風景だけを見れば、写真を撮りたいと思う人の気持ちが分からないでもない。けれども、屋根の下では、いまも二家族が避難生活を送っているのだ。三月十一日以前の日本では、考えもしなかった現実。想像を超えていた。

目前に突き付けられた風景を前に克彦さんは戸惑っていた。

「どこから手をつけていいか分からない。ずっと片付けているんだけど、何日経っても何も変わらない気がする。むなしくなってくるんですよ」と地面にタバコの灰を落とした。

克彦さんは地震発生時、漁船に乗っていた。

津波が発生すると、水深の浅い波打ち際は勢いを増した波に襲われる。船が岸壁に叩きつけられたり、陸に打ち上げられたりする可能性が高くなる。一方、底の深い沖合では、海面が大きく盛り上がる。

古くから漁師たちは、仕事道具であり、財産である船を守るために津波がくる前に大波を乗り越えて沖へ向かった。それを「沖出し」と呼ぶ。けれども、危険な行為だ。克彦さんは、沖から転覆した漁船を見たという。

「生き残れただけでもましかもしれない」と克彦さんは続けた。

忠一郎さんは、揺れ動く気持ちをそのまま口にした。

「十年後またきてください。この浜は、絶対に復活するから。一回やられたからって負けてらんねえっていう気持ちがあるんです。でも……。これからどうなるのか。どうしたらいいか分からねえという思いも一緒にあるんだ」

鈴木さんの家の前を走る国道三九八号線を挟んですぐに御前湾が広がる。

赤い大漁旗が、まるではためいているかのように海の底でたゆたっていた。


国道三九八号線は、石巻と秋田県由利本荘市を結ぶ。なかでも、女川から三陸沿岸を北上する南三陸までのルートは、「リアスブルーライン」と呼ばれている。

太平洋を右手に望みながら「リアスブルーライン」を走った。鈴木さんたちと別れて、すぐに旧雄勝町に入った。石巻市に合併されたのは二〇〇五年のことだ。中心部に向かう途中に連なる小さな浜もやはり手つかずだった。人の姿もほとんど見えない。旧雄勝町の中心部では二階建ての建物の屋上に観光バスが乗っていた。

「同じ被災地っていっても格差があるんですね……」

旧雄勝町に暮らす親族を訪ねてきたという、四十代の男性はそう口にした。被災地の格差ですか、と気になって改めて、問いなおした。

「雄勝町の避難所にいる親類に物資を届けにきたんです。私の家は石巻の内陸部、河南町にあったから津波の被害はありませんでした。地震のせいでしばらく停電と断水が続いたくらいです。石巻には芸能人もボランティアもマスコミもたくさんきていますけど、雄勝町には全然こないみたいです。私にしたって家も家族も無事だし、仕事もある。同僚や知り合いには家族を亡くした人もいるから。私のまわりにも差はあると思っているんですが、こっちを歩いてみると、なおさら格差を感じます」

十二時二十五分。旧雄勝町を過ぎる。北上川にぶつかった。

河口に架かる橋が落ちていた。全長五百六十五メートルの北上大橋。三分の一ほどが崩落していた。すぐ下流には、児童の大多数が犠牲になった大川小学校がある。

橋を迂回して北上川沿いの土手に造られた仮設の道を進む。北上川沿いで川岸に打ち上げられた漁船や家の残骸、自動車などに混じって見慣れない何かが見えた。振り返ると黒光りした数頭の黒毛和牛がぐったりと倒れて、打ち寄せる水に洗われている。

旧桃生町や旧河南町は黒毛和牛の産地だ。畜舎ごと流されたのだろうか。再び国道三九八号線に合流して、旧河北町を経由して旧北上町に入る。

二〇〇五年、石巻市は、旧桃生町、旧河南町、旧河北町、旧北上町、旧雄勝町、旧牡鹿町と合併した。いま、かつての七つの自治体すべてが「石巻」と呼ばれている。

養殖の浜も捕鯨の浜も畜産の町も……。すべてが「石巻」なのだ。小さな違和感を覚えた。

自然災害

十四時二十分。旧北上町十三浜。小さな入り江に壊れた波止場があった。

「ズタズタにやられた。打ちのめされた。よっぽど辛抱しないと漁業は再開できないよ」と佐々木克弥さんは語った。「いまごろは、養殖したワカメの収穫の時期だったんです。そして、コンブ、ホタテの養殖と続いていく。今年はムリなのは仕方ないけど、いつ養殖を再開できるのか」

目尻にできた皺目まで陽焼けした佐々木さんは、赤いスウェットの上からでもがっしりした体格であるのが分かった。四十年以上、この浜で海を相手に生きてきた。佐々木さんは、妻の佐和子さんとともに家があった場所で使えそうな漁具を探していたのだ。

「仕事道具は、この身体ひとつと船ひとつだけを残して全部流されてしまった。何年もかけて作ってきた養殖の設備がやられた。再開するには一千万円単位のお金が必要になる。我々、漁師は獲ってなんぼの商売。道具さえあれば、腕次第でいくらでもやれるんだけど」

佐々木さんは、女川町指ヶ浜の鈴木克彦さんのように地震のあと漁船で沖に逃げて、海上で一晩過ごした。雪が降ってきた。浜に明かりは見えない。家族が心配で気が気でなかった。

夜が明けた。追波湾には様々な物が浮いていた。家の残骸、タンス、転覆した船、食器……。

橋桁らしき物まで流れてきた。湾を埋め尽くす漂流物を縫うように船を進めて港に戻ってきた。家族は無事だったが、家は跡形もなく流されていた。

いま佐々木さん一家は親戚の家で生活している。多いときには三十人での共同生活。当初は、家族の命があり、眠る場所と食べる物があるだけでありがたかった。だが、親戚とはいえ気を遣う。いつまでこの生活が続くのか――。焦りと不安がじわじわと襲ってきた。

「私らの仕事は自然が相手。それなのにいままで自然災害をどこか人ごとだと感じていた。北海道の奥尻では自分と同じ漁師が被災したというのに……。できるだけ早く仮設住宅に入って生活を建てなおしたい。なんとしても、ここで漁業を続けていきたいんです。何年かかってもいい。ここで作ったワカメを全国の人に食べてもらいたいんだ。うちは祖父の代からこの浜で漁師をしてきた。誇りがあるんですよ」

多くの人が佐々木さんのように被災直後は、家族の命が助かっただけでよかったと話した。そして次に水や食料に頭を悩ませた。さらに時間が経ち、住居と仕事の問題が出てきた。

これから、三陸の漁業は、どうなってしまうのか。

その危惧を語っていたのは、石巻駅から徒歩十五分ほどの場所にある寿司屋「蛇の目寿司」を営む気仙雅敏さんだった。

「石巻の飲食店の復活には、地元の漁業の復活と原発事故の収束が鍵になる。うちらの商売は、漁師さんに支えてもらっているんですよ。港町の寿司屋なのに地元の魚が出せないのは間が抜けているでしょう。漁師さんたちがいままでのように仕事ができるまで、魚を扱う飲食店が持ちこたえなくては。漁師の人たちもオレたちも厳しい状況なのは違いない。でも、遠方のお客さんも応援してくれている。うちも店のなかにヘドロが入りこんでいるんだけど、八月の『川開き祭り』までには規模が小さくても営業を再開したいんです」

暗くなる前に山のなかに着いた。林道脇の空き地がこの日のキャンプ地だ。経費を節約したかったぼくらはキャンプをしたり、運良く見つけた安宿に泊まったりしながら被災地を歩いていた。

沿岸部には被災して営業できない宿がたくさんあった。再開していたとしても、復旧関連事業の人たちの予約で一杯。空き室は滅多になかった。

この日のキャンプ地からは、田んぼの真ん中に停車した気仙沼線の列車が見えた。カップラーメンと、おこわを食べるとすっかりと暗くなった。

自動車のライトと登山用のヘッドランプの明かりを頼りに亀山とウィスキーを呑んだ。腹の底がじわりと温かくなる。冷気にさらされて凍えていた身体に徐々に血が巡っていくのが分かる。

そのとき、わずかに身体が浮いた。

座っている地べたごと身体をゆっくりと揺すられた。梢がぶつかっているのか。幹がしなっているのか。闇のなかで木々がバサバサと音を立てる。

キャンプ中に余震に襲われるのは何度目か。はじめは不気味だったが、何度か経験すると慣れた。いまは、心地良さすら感じるほどだ。

キャンプ中に体験した最大余震は震度四。東日本大震災に限らず、大きな揺れを感じたときは、屋内かビルやマンションが建つ市街地にいる場合が多かった。屋内にいても屋外にいても、人工物の軋みが、建物の倒壊と壁や天井の崩落などを想像させた。

けれども、人工物がない林のなかで遭遇した揺れに恐怖はなかった。

余震は思ったよりも長かった。唯一の気がかりは土砂崩れだが、その心配がないと分かると再びウィスキーを呑みはじめた。

大地の揺れを全身に感じながら、「荒蝦夷」の土方さんが以前、話していた「自然災害・ゴジラ説」について考えていた。

「ゴジラは人間が住んでいる場所で暴れるからみんなが困るんだけど、無人島でなら野生動物が遊んでいるだけだから誰にも害はない。それと同じで、人が住んでいない場所で地震が起きてもそれはただの自然現象。けれど、そこに人間がいれば、街や人の生活を破壊する災害になる。人間が住んでいるから、自然災害なんだ」

その話を聞いたのは、何年前だったか。当時、そんなものか、と気にとめずに聞き流していた。でも、壊れた景色のなかを歩き、生活を破壊された人たちと接して、闇のなかで揺れを体験したいま、その意味をのみこめた気がした。

別れの挨拶

四月六日水曜日／被災二七日目

御崎。宮城県と岩手県の県境に突き出た唐桑半島の先端に位置する景勝地だ。

岬の駐車場を覆っていたアスファルトが粘土のようにめくれている。九時三十分。厚手のジャンパーをはおり、スキー帽を被った老人が海を眺めていた。

「浜の風景がどんなに変わったとしても、やっぱり海は見たいもんですよ。この年まで、ずっと海で生きてきたわけだから」

小野寺庄助さんは、曇天でぼやけた水平線を見ていた。南三陸町歌津出身。いまは御崎に暮らしてる。七六歳になった漁師は、アイナメやメバルなどを獲って地元の民宿に卸していた。しかし、家は無事だったが、漁船も漁具も失ってしまった。小野寺さんは続ける。

「でも、もう少し落ち着いたらいままで通り、ここで魚を獲って生きていくつもりなんだ。他にやることなんて考えたこともないからね」

ずっと浜に生き、これからも残る人もいれば、浜を離れた人もいた。

十一時四十分。県境を越えた。陸前高田市気仙町長部漁港。五十代の男性が壊れた漁村を見つめていた。

「まるで化け物が歩いた跡だね」と彼は呟いた。「テレビで『壊滅』『壊滅』っていうから、どうしても自分の目で見ておきたかった」

約十年ぶりの帰郷の動機を話した。生まれ育った長部を離れてもうすぐ四十年が経つ。いまは埼玉県に暮らしている。ずいぶん前に両親ともに他界。生家は取り壊した。

「昔の浜の面影はないね。でも、ここまでやられたら当たり前か。子どものころは、岸壁で釣りをしたり、泳いだりしたんだけどね。津波がくる前も私がいたころとは、ずいぶん景色が変わっていたかもしれないけど……。こんなことになるなら一度、帰ってきておくべきだったかな。実家が魚の加工屋をやっていたんだけど、継ぐのがイヤで高校を出てすぐに東京でサラリーマンになったんですよ。ずっと疎遠だったけど、地元がなくなるというのはなんともいえない」

そして、彼は涙ぐんだ。

「寂しいもんだね。自分が生まれ育った町がなくなるというのは……」

彼が暮らした名残は、津波がさらっていってしまった。ふるさとは記憶のなかにしか存在しない。約四十年前、三陸の浜を離れた彼は、改めて別れを告げるために帰郷したのかもしれない。

四月七日木曜日／被災二八日目

東京を離れてから二十六日が過ぎた。被災地をまわるうち、精神状態がまともでなくなっているのを自覚していた。どんなに酒を呑んでも、酔えず、毎朝五時ころには自然と目が覚めた。些細なことで泣くようになり、またイライラするようになっていた。

普段なら気にならない亀山の仕草にいら立って八つ当たりしたり、心配して電話をくれた東京の友人に対してトゲのある対応をして険悪な雰囲気を作ったりした。そんな自分がイヤで自己嫌悪になって、いら立ちがさらに増したり、逆に取り繕おうとしてテンションを上げてムリに明るく振る舞ったりした。

「荒蝦夷」と合流したばかりのころ、土方さんがいっていた。

「災害にあった人は、情緒が不安定になるんだ。急に泣いたり、テンションが上がったり、怒ったり、塞ぎこんだりする。オレたちはそういう状態になっていると思う。でも、それは精神を保とうとする防衛本能みたいなもんだから、自分たちがそんな状態になっていると自覚しておけば問題ないんだ」

自分自身も、そんな状態なのかと自覚する半面、被災してもいないのに、と情けなく思う。自分の状態を素直に受け入れられずにいた。

この朝も「少し休んだら」と気遣ってくれる亀山に対して、弱みを見せられないと強がり「大丈夫だから」と岩手県大船渡市に向かった。

十一時三十分。土台だけが残った家で小柄な老人と出会った。

八七歳の新沼春雄さん。新沼さんの趣味は記念切手やコインの収集。大船渡では四月十一日から本格的な瓦礫の撤去をはじめるという。その前に長年集めた切手やコインがないか、探しにきたのだ。

家があった場所に立つ新沼さんを亀山が撮影した。「今度、写真を持ってきます」とぼくは連絡先を書いてもらおうとバッグからノートを出した。

「すいません」と新沼さんは右手首を左手で押さえた。「あれ以来、手が震えて字が書けなくなってしまったんです」

それまで気がつかなかったが、新沼さんの右手はわずかに震えていた。

三月十一日。新沼さんは大きな揺れを感じると、すぐに自転車で高台に避難した。

いままで二度、家を流された経験があった。一九三三年の昭和三陸津波と一九六〇年のチリ地震津波。そのたびに家を建てなおした。

海のそばで暮らしているのだから仕方ない。そう割り切っていた。命さえあればいいのだ、と。だから今回、家が流されたときもショックではあったが、それほど心配していなかった。建設会社に勤務する六一歳の息子と役所で働く三〇歳の孫がいる。不自由な生活をしばらく我慢しなければならないが、ふたりに任せておけばまたここに家が建ち、変わらない生活に戻れるはずだ。そう信じて疑わなかった。

「でも、まさか、息子と孫がやられるとは……。想像もしていなかった。これからっていうときに……」

　新沼さんは声を震わせた。

　ふたりは、高齢の新沼さんを心配して家に戻る途中、波にのまれてしまったという。

　新沼さんは息子と孫の遺体を捜して、遺体安置所を巡った。

　できるだけ早く荼毘に付してやりたいという一心だった。多くの遺体を見た。

　ようやく息子の亡骸と対面できた。

　その日から、だ。右手が震え出したのは――。

「せがれは、スーツがボロボロになってしまって、かわいそうだった。でもね、幸い眠っているような表情だったよ。息子も孫もふたりとも幸い火葬にできた。本当によかった」

　声を詰まらせて涙を零す新沼さんを前にして、何が「幸い」なのか分からなくなっていた。八七歳の新沼さんを遺し、六一歳の息子と三〇歳の孫が逝くのが「幸い」なわけがない。穏やかな表情だったといっても、火葬場が足りずに土葬せざるをえない人が大勢いるなかで荼毘に付せたとしても、「幸い」なわけがない。

　そうは思うのだが、遺体が見つからず、見つかったとしても弔いができない人とも大勢会ってきた。彼らが「遺体が見つかってよかった」「荼毘に付せてよかった」と口にするたび、いつしかぼくも「よかったですね」と相づちを打つようになっていた。

　けれども、なぜか新沼さんに相づちが打てなかった。

　ただ黙って新沼さんの口から淡々と零れる声を耳朶に刻み、記憶に叩きこもうとした。

そして、ぼくはまた泣いた。

十七時四十分。内陸部の奥州市前沢に空いている民宿があった。宿で風呂に入ったぼくらは〈愛ちゃん〉と染め抜かれたのれんをくぐった。

おばさんがひとりで切り盛りするカウンターだけの小さな店だった。和服を着た六〇歳くらいのおばさんが、愛ちゃんだった。ぼくと亀山の会話から被災地を取材してきたと分かったのだろう。

先客が席を立ち、客がぼくらだけになると愛ちゃんは店を閉めて話し出した。沿岸部には、知り合いや親戚が大勢いる。亡くなった人も行方不明になった人もいる。せめて遺体が見つかればいいいんだけど、と。

「三月十一日以来、自分の身体が引き裂かれているみたいなんだ」と愛ちゃんは泣いた。東北に生きる人は、みな愛ちゃんのように多かれ少なかれ親しい人が津波の被害を受けているのだ。

宿に戻ろうと席を立った。愛ちゃんは代金を受け取ろうとしなかった。被災した人のために使って、と。

マグニチュード七・一の最大余震が襲ったのは、その深夜のことだ。

前沢では震度六弱。一瞬。ぼくも亀山も起きたが、揺れはすぐに収まった。あまり深刻に考えず再び寝た。

朝起きてびっくりした。部屋のテレビが吹っ飛び、障子を突き破っていた。町を歩いた。家々の塀が崩れ、ガラスが割れ、屋根瓦が落ちていた。〈愛ちゃん〉は玄関とサッシがゆがみ、引き戸が外れていた。水も出ない。信号も止まっていた。ガソリンスタンドも営業休止。コンビニはレジが動かず、電卓で会計していた。

宿のおじさんはため息をついた。

「やっと元に戻れたかなと思ったのに……。これじゃ、またやりなおしですね」

陸前高田に向かう車内で東京に引き上げる時期を考えていた。そんな気持ちがちょっと頭をもたげると、日常の生活に早く戻りたくなって、仕方なかった。

三日後、ぼくらは、被災地をあとにした。

四月十一日月曜日／被災一ヵ月目

一ヵ月ぶりの東京。十年も暮らした見慣れた町が怖くてたまらなかった。

仕事の打ち合わせで、渋谷、原宿、池袋と移動した。どこにいても、不安と恐怖が唐突に襲ってきた。

暮らし慣れた街が、いま、この瞬間、失われてしまうのではないか。そんなえたいの知れない恐怖と不安が頭から離れないのだ。

津波が襲ってから約一ヵ月。異常な風景のなかで異常な日常を過ごした。

当たり前の風景がずっと存在する保証なんてどこにもない。被災地で知ったのは、そんな当たり前の事実だった。だから一ヵ月ぶりの東京に恐怖しているのだと思った。

山手線に乗ると、揺れがきて列車が横転してしまうんじゃないかと無意識に釣り革をきつく握る。原宿のビルとビルとの間の路地を歩くと、壁が落ちてくるんじゃないかと落ち着きなく頭上を見上げる。

でも、ふと我に返る。〝平気な貌〟をした東京がある。


「いまは海が平気な貌をしている。あんなにすごい波が襲ってきたのに」

「ほれ、見てみろ」と南三陸の遠藤和子さんは海原に目をやった。夕陽が反射した太平洋が一望できた。波も穏やかだ。いい景色だった。

遠藤さんに会ったのは四月五日の夕方。海岸線に敷かれた志津川駅と陸前戸倉駅を繋いでいた線路の上を人が歩いていた。全面運休中の気仙沼線である。背景に海が見えた。

映画『スタンド・バイ・ミー』を彷彿とさせる風景に自動車を停めて遠藤さんに話しかけた。

遠藤さんは孫娘のかなさんと、かなさんにとっては母方の祖母にあたる後藤貞子さんと一緒に志津川から帰宅する途中だった。遠藤さん宅に後藤さん一家も避難しているのだという。

「志津川で炊き出しの晩ご飯を食べてきたんです」

高校二年生のかなさんはジャージーの袖のなかに手をすっぽりと入れていた。東京では桜が咲きはじめていたが、被災地ではまだ寒い日が続いていた。

「ご苦労さま。こんなところまでよくいらっしゃった。お茶でも飲んでいきない」

和子さんに甘えた。

津波から二十六日目。南三陸町志津川は瓦礫が減り、電柱が立ちはじめていた。仮設の道路ができていた。けれども、和子さんの家は電気もガスも水道も止まったままだ。薪ストーブで沸かしたお湯でインスタントコーヒーをごちそうになった。薪がはぜる音がした。温かかった。

遠藤さんの家は海面から一七メートルの断崖に建つ。波は断崖を乗り越えて家の一階部分を洗っていった。避難するとき、波に足を取られて何度も転んだと和子さんは笑った。そして幾人もの被災者が語った言葉を和子さんもまた口にした。

「まさか、ここまでくるとはね。信じられない現実ってあるんだね」

海が遙か遠く見えた。一七メートルも下に打ち寄せる波が、この家まで達したのか。想像してみるものの、現実感を持ってそのシーンを思い描けないでいた。

人間の生活を守るために建造された南三陸の防潮堤は、壊れて潮に浸かったままだった。

〈青い海／みんなで守る／思いやり‼〉

〈汚すまい／この海／この浜／この港‼〉

海と町を隔てた壁にカラフルなペンキで記された標語は、ところどころ剥げ落ちていた。守る対象であった海が牙を剥き、人間が築いてきた物をとことんまで破壊しつくしていった。

そして、思ったのだ。当たり前の風景がずっと存在する保証なんてどこにもない、と。

東京に戻ってきたものの、涙腺のゆるさもいら立ちもなおらなかった。

たとえば、福島原発のニュースを見ると被災地での会話が過ぎる。

「いま、原発の話ばかりで不安なの。私たちの存在が忘れられるんじゃないかって……」

四月八日。正午。大船渡市松崎。こぢんまりとした漁村。砂浜に降りてみると、村上みよさんが破壊された農業用水用の太いパイプから溢れ出る水で洗濯していた。

村上さんは、植木職人の夫が行方不明のままだと語った。

「お父さんとがんばって建てた家が流されてしまった。通帳も印鑑も何もかもないの。一ヵ月近く経つのに避難所には、食料がほとんどまわってこない。気仙沼とか大船渡とか、大きな町にはボランティアの人がきているけど、ここにはあまりこないの。それにいま、新聞もテレビも原発ばっかり。私たちのことを忘れないでね……」

ぼくと亀山は、ありったけの食料を村上さんにわたした。

〝被災地の格差〟

旧雄勝町で男性から聞いた言葉を思い出す。

被災地を辿るうち、ひとつの小さな違和感を抱いていた。

それは、地名だ。

大学時代の一九九八年、自転車にテントを積んで三陸の沿岸部を一週間ほど旅した。

仙台市から国道四五号線に乗り、松島市、石巻市、河北町、桃生町、志津川町、歌津町……と青森県の本州最北端、大間岬を目指してペダルをこいだ。

石巻市では〝郊外化〟が進んでいた。北上町と河北町を流れる北上川の川岸には葦原が茂っていた。桃生町では水田の真ん中を突っ切るように自転車を走らせた……。町の境界と景色のグラデーションが旅の目安だった。

たとえば、〝被災地の格差〟という言葉を聞いた四月五日の行程を振り返ってみる。

石巻市を出て女川町を経て、再び石巻市に入った。しかし、二〇〇五年の「平成の大合併」以前なら次のような順番で被災地をまわったことになる。

石巻市、女川町、雄勝町、河北町、北上町。四つの境界を越えてきたのだ。

捕鯨を生業にしてきた鮎川があった牡鹿町も、〝被災地の格差〟を感じた男性が暮らす河南町も、かつて自転車で走った桃生町も、いまは石巻市になっている。

「平成の大合併」で、石巻市、桃生町、河南町、河北町、北上町、雄勝町、牡鹿町と七つの自治体が、石巻市ひとつにまとめられた。

行政はこの範囲をフォローして、被害状況を把握し、被災した人々を支援しなければならない。被害は「石巻」の情報として全国に伝えられる。

だが、実相はどうか。

〝被災地の格差〟を語った男性は、石巻市の中心部と、旧河南町、旧雄勝町を分けて語っていた。

「私の家は石巻の内陸部、河南町にあったから津波の被害はありませんでした。地震のせいでしばらく停電と断水が続いたくらいです。石巻には芸能人もボランティアもマスコミもたくさんきていますけど、雄勝町には全然こないみたいです」

いまでも「石巻」は「石巻」。「雄勝」は「雄勝」、「河南」は「河南」なのである。さらには、旧牡鹿町の鮎川に暮らす人は、帰属するのは「牡鹿」ではなく「鮎川」という浜だと考えているはずだ。石巻市に暮らしていながら、みんな自分たちが属しているのは、町や浜というもっと小さな共同体だと感じているのだ。

十数年ぶりに三陸の海岸線を辿るように走ってみた。

どこまでも「石巻市」が続いているような気がしていた。宮城県第二の都市である石巻市の中心部も、百戸ほどの小さな浜も、「石巻」なのだ。

しかも、沿岸一帯に連なる壊れた町並みが風景からメリハリを奪っている。町の境界すらも瓦礫に覆い隠されてしまったように見えた。

すべてを「石巻市」、あるいは「被災地」と一緒くたにしては、被害状況の違いも、それぞれに置かれた被災者の声も、町の再建の道筋も見えにくくなるではないか。

それが、三陸沿岸に数え切れないほどある、それぞれの浜への想像力を奪い、地域ごとの、浜ごとの〈格差〉を生む一因なのではないか。

ぼくらが歩いたのは、見捨てられた浜だった。

「私たちのことを忘れないでね……」

村上さんの言葉が蘇ると、被災地から逃げてきたような気がして自分が情けなくなってくる。そして自分自身にいら立ち、涙ぐむのだ。なぜ、東京にいるんだろうと。

かといって再び被災地に立つのは怖かった。やっかいな精神状態だった。それでも、しばらくすると少しずつ日常に戻れている気がした。

四月十七日日曜日／被災三八日目

十数年前に戦慄を感じた風景を、ぼくは再び訪れた東北で見た。

宗教学者の山折哲雄さんと『望星』前編集長の岡村隆さん、「荒蝦夷」の土方さん、山形市在住の作家・黒木あるじさんとぼくは、被災地にいた。

十一時三十分。東松島市野蒜《のびる》。野蒜小学校の校庭には水に沈んだ自動車が並んでいた。一台の白い軽トラックに目がとまる。菊の花束が供えられた助手席のサイドウィンドーに紙が貼り付けられている。住所と氏名。そのすぐ下に〈(故人)〉と記されている。

〈みなさまのおかげで遺体を見つけることができました。ありがとうございました。車は持っていくことができませんので、処分おねがいします〉

小学校の体育館の床一面がヘドロに覆われていた。グランドピアノがひっくり返っている。地震直後、近隣の人たちがこの体育館に逃げてきた。しかし、安全だと思われた体育館にも、津波は押し寄せた。ステージや二階の観覧デッキに逃げ切れなかった人々は、濁流に巻きこまれた。逃げ切った人たちの目の前で――。

その後、床に溜まった泥の上にマットが敷かれた。体育館は、臨時の遺体安置所となった。そして、運動場は仮の埋葬場に変わっていた。

十二時二十分。石巻市門脇。自動車を停めた。

〈上釜仮埋葬墓地〉

急ごしらえの看板にはそう記されていた。

約二週間前、ぼくと亀山は、この道を確かに通った。そのときは「上釜ふれあい広場」と呼ばれるありふれた運動場だったはずだ。

たった二週間足らずの間にグラウンドは掘り返され、犠牲者が埋葬されていた。歩道とグラウンドを遮る高いネットと隅っこのベンチが、ここが運動場だった名残だった。

若い男女が、まるで深くお辞儀するかような姿勢で、地面に手を合わせていた。

一・五メートルほどの幅の溝が二十一列も等間隔に並んでいた。そのうち、埋まっているのは四列。二百体ほどの遺体が埋葬されているだろうか。すべて埋まると千体以上の遺体を土葬できるはずだ。

〈524〉〈525〉〈526〉……。小さなプレートには三桁の番号が記されていた。

花や水が供えられたプレートは、身元が判明した遺体だろうか。けれども、ほとんどが花も水もなかった。

かつて見た風景が重なった。

二〇〇〇年十月。ボスニア・ヘルツェゴビナ。大学卒業後、アジアや東ヨーロッパの国々を旅していたぼくは、首都のサラエヴォにいた。

一九九二年から三年間続いた内戦、ボスニア・ヘルツェゴビナ紛争では、十万人以上が命を落とした。サラエヴォでも、一万人以上の人が犠牲になった。その八割が一般の市民だったという。冬季オリンピックスタジアムには、白い柱がいくつも立っていた。犠牲者が多すぎて、遺体を埋める土地がなくなったのだ。オリンピックスタジアムは墓地となった。

少し離れた小高い丘の上からも、オリンピックスタジアムのグラウンドが白く見えた。地表を覆うほどの墓標が立てられていたのだ。

戦争が作り出した風景が、まさか東北に再現されるとは――。

「東北はどうなっちまうんだ」

土方さんが呟き、仮の墓標の群れに手を合わせた。

「荒蝦夷」が〈東日本大震災〉と題した『仙台学』の十一号を緊急刊行したのは、四月二十六日。震災後はじめて被災地で刊行された出版物となった。

最後のページ。ぼくらが手を合わせた仮埋葬墓地の風景が掲載された。

翌日、東京に戻った。

壊れた風景が、ヘドロの匂いが、被災した人たちが絞り出した言葉が、頭から離れない。かつての日常が戻ることはもうないんだな。そう考えると、また泣けてきた。

Ⅲ　激しい雨

五月十一日水曜日／被災二ヵ月目

雨が被災地を濡らしていた。

フロントガラスに落ちる水滴をワイパーがせわしなく拭う。石巻から女川町尾浦を目指して自動車を走らせていた。尾浦は、大学時代のラグビー部の先輩である及川龍次さんの祖母が暮らしていた浜だ。未だに祖母は見つかっていない。

海沿いの曲がりくねった一本道に靄がかかり、見通しをいっそう悪くしていた。途中、壊れた浦々が立ち代わり現れる。

カーステレオからは数え切れないほど聞いた忌野清志郎が歌う「激しい雨」が流れている。

季節はずれの　激しい雨が降っている
たたきつける風が　泣き叫んでいる
お前を忘れられず
世界はこのありさま
海は街を飲み込んで　ますます荒れ狂ってる
築きあげた文明が　音を立てて崩れてる
お前を忘れられず
世界はこのありさま

大津波から二ヵ月。小さな漁村は、海にのみこまれ、崩れたままだ。歌詞が現実となって、目前に立ちはだかっていた。

尾浦に足を運んでから一ヵ月以上が経つが、風景は変わっていなかった。

曇天のなか、壊れた浜は雨に打たれていた。寂寥感がさらに募る。片方だけの子供靴、傾いた電柱に絡まる漁網、オモチャのお札、木の枝に引っかかったレースのカーテン、岸壁に手向けられた花……。風が吹くたび、木に引っかかったトタンが、ベコベコと派手な音を立てる。

尾浦の人々が避難生活を送っている曹洞宗護天山保福寺を訪ねた。

十二時四十分。雨が止み、空が白んだ。ウグイスが鳴きはじめる。山の斜面には墓が並ぶ。尾浦の人々を先祖代々弔ってきた寺院である。

高台に建つ保福寺までは津波は届かなかった。尾浦では保福寺と一軒を残して約七十戸の家が流された。被災直後、二百五十人ほどが避難していたが、いまは約五十人が本堂や庫裏で共同生活を送っている。

保福寺境内の真ん中にアウトドアレジャー用のテーブルと椅子が置かれている。本堂前には、山のように積まれた支援物資の段ボール。美容師のボランティアだろうか。揃いのベストを着た若者たちが避難者の散髪をしてる。浜で獲ってきたのだろう。急ごしらえの流しで、大ぶりのアイナメやカレイを手際よくさばく男性。祖母のような年齢の女性たちにあやされる幼児もいる。作業服を着た男たちがたき火を囲んでいた。

「おぉ、龍次君（及川さん）の友だちか。何度かおばあさんを捜しにきていたなあ。もう龍次君も三五歳か。早いもんだ。住職はさっきまでそこにいたんだけど……。そのうちくるはずだ。これでも食べて待っていればいい。すぐにくるだろうから」

「ご飯まだなんだろう」と五十代後半ほどの男性は、本堂の前に設置したプロパンガスのコンロに乗った大きなアルミ製のヤカンから「赤いきつね」にお湯を注いでくれた。

前日、水道がようやく復旧。電気はまだだという。

ぼくが及川さんの知り合いだったからか。取材者に対して好意的なのか。開放的で、フレンドリーな対応に呆気にとられた。

みな二ヵ月も慣れない避難生活を強いられてきた。しかも集団での暮らし。気を遣うだろう。もっと疲労し、警戒感に満ちているのでは、と想像していたのだ。

椅子に腰掛け、インスタントのうどんを啜りながら境内の風景を改めて見まわす。

秋、東北地方の河川敷では、サトイモ鍋を作る「芋煮会」が開かれる。避難所というよりも、まるで地域の芋煮会に紛れこんだような和やかな雰囲気だった。

被災した小さな浜々を歩きながら考えていた。

浜で生きる人は、何を思い、これからどう生きるのか、と。

最初に話を聞かせてくれたのは、ギンザケの養殖を手がけてきた鈴木賀行さんだ。

「ここで生きていきたいっていう気持ちはみんな持っていますよ」

サングラスにベースボールキャップ、青の作業つなぎ。黒く日焼けし、がっしりとした体格。六二歳の鈴木さんの風貌からは潮の香りが漂ってくるようだった。

鈴木さんはこの津波で母を亡くしている。

「一週間後くらいまでは、もしかしたらっていう希望があったんだけど、一ヵ月も過ぎると、諦めというか早く遺体が見つかってほしいという気持ちに変わりました。泥をかき分けてでも捜してやりたいって。見つかったときは嬉しかったですよ。やっと再会できて、ホッとしました。そりゃ、遺体が見つかるのと見つからないじゃ、気持ちは、全然、違いますよ」

鈴木さんの母の遺体が見つかったのは、津波から四十日後のことだった。

「同じ浜といっても、津波による被害、家族や仕事、年齢、人それぞれに事情があるんです。これから浜を出て行く人もいるでしょう。問題がたくさんあるんです。目先の収入をどうするか。子どもの教育をどうするか。仕事はどうするのか。国は八月までに仮設住宅を準備するというけど、どこにできるのか。私はギンザケ養殖を続けるから、尾浦に通える範囲に移りたい」

尾浦では、ギンザケの養殖が盛んだ。湾の水質や水温がギンザケ養殖に適していたのだ。まずは、淡水の池でギンザケの卵をふ化させる。そして、二百グラムほどのサイズに成長した稚魚を湾内の生け簀へ。そして半年から七ヵ月。春から夏にかけて三キロほどに育ったギンザケを出荷する。尾浦港の水揚げ高は、女川全体の四割から五割を占めたという。女川の他の浜に比べると、若手の後継者が多かった。それだけ収入が安定していた。

「うちのギンザケは旨いですよ。これ以上のギンザケを育てているところがあったら見てみたい。それくらい私たちは、自分たちの技術と仕事に誇り持ってやってきたんです」

けれども、波は何もかもさらっていった。出荷間際のギンザケも、町も、家も、生け簀も、漁具も、そして、母さえも……。

鈴木さんは、ギンザケの養殖が軌道に乗るまでは、最低三年はかかると見ている。

「ご先祖さまは、津波に何度流されてもここに町を作りなおしてきたわけでしょう。それは、豊かな海があるから。少なくとも、これだけはいえます。漁業なくして、尾浦の復活はありえない。理屈じゃないんだろうな。意地といえばいいのかな。ご先祖さまが築いてきたこの港を、私らの代で終わらせちゃいかん、と。三陸には小さな浜がたくさんあって、それぞれに色があるんです。祭りも、人の気質も、習慣も違う。浜単位で人間関係が濃密なんです。だから、それぞれの形の『復興』があるはず。でも、いまは、まだその前の段階。オレたちはここで生きていくんだという心構えが必要なんです」

そう。まだ二ヵ月しか経っていないのだ。それなのにテレビニュースで耳を疑うような識者のコメントを何度か聞いた。

「この悲劇を風化させないで……」

はじめて耳にしたのは、亀山と被災地を歩いていた時期だ。まだ一ヵ月も過ぎていなかった。亀山がテレビに向かって、憤りを吐き捨てた。

「そういうことじゃねえんだよ」

風化どころか、いま、その瞬間、住む場所がなく仕事の再開がままならない人たちが、身内の死を悼む人たちが、行方不明者の発見を祈る人たちが、いた。

船を流された漁師は、家を失った高齢者は、父を亡くした須藤さんは、母を喪った鈴木さんは、祖母が見つからない及川さんは、子を亡くした母は……。喪失感とどうやって向き合って、埋めていくのか。

まだなにひとつ、解決されていない。〝悲劇〟は、現在も進行しているのだ。「復興」「がんばろう、ニッポン」は、やはりお題目に過ぎないのか、と思った。

「テレビがいう『復興』。ぼくは嘘だと思っているんです」

藍色の作務衣をまとった保福寺の住職、八巻英成さんは、やんちゃ坊主の面差しを残した二九歳の青年僧侶だった。

「たとえば、道路がなおった様子をテレビで流して『復興がはじまっています』という。それでテレビを見ている人は安心する。でも、道路がなおれば、ほんとに『復興』なのか。『復興』って、『またおこす』って意味ですよね。でも、見てください。まだ、女川では、何もおこっていないじゃないですか。『復興』という安い言葉のせいで東北は忘れられてしまうんじゃないか。そんな気がするんです。それにいまテレビも新聞もほとんど原発ですからね。『復興』って、すべてが終わったときにはじめて使える言葉だと思うんです」

八巻さんが語る「復興」を聞いて思い出すのは、テレビに登場するボランティアや芸能人のコメントだ。「大変な思いをしているのに被災者の人たちは明るく前向きだ」「逆に勇気をもらって励まされた」……。

岩手県大船渡市で、一週間にわたりボランティアをやってきたという三十代の女性と話した経験がある。彼女はテレビコメントとまったく同じ話をした。「復興」に向けて「がんばる」被災者というイメージを語ったのかもしれない。

けれども、残ったのは、強烈な違和感だけだった。「まるで芸能人みたいですね」。イヤミも通じなかった。「復興」という中身のないことばだけが先走り、思考が止まってしまっているように感じた。

石巻で出会ったある被災者はボランティアや芸能人のコメントに率直に語っていた。

「被災者が明るく元気だって？　そんなわけねえ。気を遣われてるのが分からないのかね」

前日、女川の総合体育館に身を寄せる人たちに話を聞いていた。女川町中心部の隣の石浜の人たちがまとまって避難していた。

「津波はみんなさらっていくのに借金だけは残していくんだ」と六五歳の男性は笑った。「町は『復興』まで八年といっている。仕事がないから若い人はそれまで待てない。残るのは年金で暮らす我々だけ。八年後『復興』した町には杖っこついた年寄りしかいなくなる。姥捨て山だよ。そしたら『復興』の意味って、何よ。放っておけば、いずれ町がなくなってしまうよ」

彼らは同じ集落でまとまって仮設住宅に入りたいと語った。何十年も同じ浜で生きてきたのだ。

「長く生きてもあと十年だからね。せめて最期までみんなで一緒にいたいんだっちゃ」

七五歳の女性はそう冗談めかした。

ぼくの目の前で笑っている人々は、開きなおっていた。明るく前向きだといえなくもない。しかし、勇気はもらえなかった。励まされもしなかった。

半分本気の冗談に付き合って笑いながらも、思った。彼らの存在は「復興」という大号令のもと、置き去りにされて、忘れ去られるのではないか、と。

「神戸新聞」によれば、阪神・淡路大震災の復興支援住宅で孤独死した人は、十六年間で六百八十一人にのぼったという。女川町の六五歳の高齢者率は、三三・七％。全国平均の二二・七％に比べても、一〇％以上も高い。そして、これから高齢の檀家の人たちを二九歳の八巻さんが弔っていかなければならない。

「清志郎が生きていたらいま、どんな歌を歌っていたんでしょうね。こんな状況だからこそ、歌ってほしかったですね」と八巻さんはいった。

二〇〇九年五月二日に亡くなるまで忌野清志郎は反原発、反体制、反戦の歌を歌い続けた。そして「激しい雨」のサビで忌野清志郎は何度も繰り返す。

〈何度でも　夢を見せてやる〉と。

八巻さんは、浜に生きる人の最期の〈夢〉を模索していた。

「七十代、八十代の人の終の棲家を尾浦で見つけてあげたいんですよ。みんなここで生まれ育って、仕事をして、子どもを産み、育てて、老いてきたんです。生を受けた町に骨を埋める。当然のことだし、ささやかなことなんだけど、みんなそれすらも奪われた。住み慣れた町から離れて、仮設住宅に入って、誰にも看取られずに逝くなんて、あんまりだと思うんです」

泣き虫和尚

〝縁〟が、八巻さんと尾浦とを結びつけて六年が経つ。

それ以前は、尾浦で暮らすことになるとは思いもしなかった。

八巻さんは一九八一年生まれ。父は、牡鹿半島の桃浦地区に建つ曹洞宗三国山洞仙寺の住職だ。実家は全壊。母校の門脇小学校は津波後の火災で焼け落ちた。

次男の八巻さんは、僧侶になるつもりはなかった。石巻高校を卒業後、東京の芝浦工業大学に進学した。将来は、システムエンジニアかプログラマーになろうかと漠然と考えていた。転機が訪れたのは大学三年生のときのことだ。

保福寺の住職の死去にともなって、八巻さんの祖父が急遽、住職に任命されたのだ。隠居中だった八〇歳の祖父は、先々代の住職の従兄弟だった。しかし高齢である。次の代の住職候補探しは急務だった。

「頼む――」

祖父は、二〇歳の八巻さんに頭を下げた。祖父の真剣な願いを断れなかった。

曹洞宗大本山永平寺で修業。二〇〇五年に尾浦に移り住んだ。けれども半年後、祖父が急死。浜の事情も住職の役割もあいまいなまま、八巻さんは住職になってしまった。

「普通ならみんなにぼくの顔を覚えてもらって、檀家さんたちに浜の状況を教えてもらって……と順序を踏むんでしょうけど、いきなり住職になってしまったんです。はじめは屋号と名前が一致しない檀家さんもたくさんいました」

当時、二四歳。尾浦を歩いていると、みな「あの子、誰?」という顔で見ている。

「新しくきた住職です」

そう挨拶すると、みな一様に驚いた。

「やっぱり意外だったんでしょうね。でも、考えてみれば、そりゃそうですよ。見ず知らずの若い小僧がいきなり住職だっていうんだから」

けれども、「見ず知らずの小僧」を浜の人たちは温かく迎えた。

顔を覚えてもらおう、と浜を歩きまわる八巻さんに尾浦の人たちは声をかけてくれた。夕暮れ時は、決まって夕食に招かれた。そのまま酒盛りがはじまった。宴は二十一時を過ぎても二十二時を過ぎても続いた。八巻さんは、そんなふうに浜の住職として少しずつ受け入れられていった。

「夕食やお酒をご馳走してもらって、息子や孫みたいに接してもらえるのが、本当にうれしかったんです」と八巻さんは続ける。「正直にいえば、最初、怖かったんですよ。ぼくの実家のある浜もそうなんですが、小さな共同体ってよそ者を避けるような風潮ってありますよね。壁があるといえばいいかな。東北に限らず、小さな共同体はそうなのかもしれないけど。しかも経験がない小僧ですからね」

八巻さんは、住職と檀家の繋がりを足と胃袋を使って築いた。しかし、青年住職と浜の人々との関係は新たな局面を迎える。

二ヵ月前。石巻のスイミングスクールに通う妻と次女が早めに戻ってきた。次女がぐずったので早退したのだという。自動車から荷物を下ろす八巻さん夫妻を激震が襲った。

すぐに防災無線が鳴った。大津波警報。八巻さんは引き波の様子を見に行った。普段なら水深三、四メートルはある海底が見え隠れしていた。けれども、「やばい。やばい」と慌てているのは八巻さんだけ。浜の漁師たちは平気な顔をして海を見ていた。八巻さんは「漁師の人たちは海に慣れている分、はじめは余裕があったんじゃないか」という。尾浦に限らず引き波を見に行って逃げ遅れた人々が大勢いたと聞く。

避難場所に指定されていた保福寺に戻ると、八巻さんは心臓の鼓動が速まっているのが分かった。自動車に乗った人たちがどんどん保福寺を目指してくる。さっきまでの余裕はなかった。みな海に背を向けてすごい勢いで自動車を走らせている。必死の形相。海で生きてきた人たちもただごとではないと感じたのだ。

海をふと見やった。

「意味の分からない光景」が視界に飛びこんでいた。

真っ黒な波の上に家が浮き、流れていく。

保福寺に逃げてくる人たちに八巻さんは叫び続けた。

「上に、もっと上に。とにかくもっと上がってくれ！」

轟々と音を立てて保福寺のすぐ下まで水が迫っていた。海のなかを泳いでくる人もいた。

保福寺はぎりぎりのところで浸水を免れた。水が引くと、雪が降ってきた。沈んだ町には「ジャボン、ジャボン……」という音が響いていた。

「ぼくはチキン（臆病）なんで人よりも防災意識が強いんですよ。震度二くらいの地震でも実家に電話して大丈夫だったか確認するくらいです。そのときも電話したんだけど、全然通じなかった。みんなに本堂に避難してもらおうかとも思ったんですが、建物が安全かどうか分からない。せっかく津波から逃げたのに大きな余震がきてつぶれて終わりなんてことになったら大変です。みんなには自動車のなかで暖をとってもらいました」

余震が落ち着いたのを見計らってありったけの毛布や衣類などを本堂や庫裏から出したのが、十九時ころ。みんなずぶ濡れだった。燃やせるものはないか、探した。書き損じた卒塔婆がまとめて置いてある。卒塔婆を燃やして米を炊いたが、二百五十人もの避難者に行きわたったのは、ピンポン球大のおにぎりひとつだけだった。

「今日はこれだけでがまんしてください」

八巻さんは避難してきた人々に話した。庫裏には冷蔵庫があったが、これからどうなるか分からない。いま、手をつけるわけにはいかなかった。

「冷蔵庫の食料をぎりぎりまで温存しておこうと思ったんです。妻に『絶対に手をつけるなよ！』といったら『あなたにいわれなくても分かっているわよ！』と怒鳴り返されました。ぼくは、津波の水が引いてすぐに保育園にいる長男を迎えに行こうとしたんです。たぶん、冷静な状態じゃなかった。自分を見失っていたんです。そのときも妻に『いま、あなたが行って死んだら、みんなどうなるの』っていわれて、踏みとどまれたんです」

「いざというとき、女は強いんだなって実感しましたよ」と八巻さんは笑った。

住職である自分と尾浦の代表者である区長の判断が二百五十人の命を左右するのだ。

絶対に自分を見失わないようにしない、と。八巻さんは肝に銘じた。

「はじめはえらいことになったといろいろ考えていたんですけど、ぼくがリーダーシップなんて発揮する必要なんてありませんでした。ぼくがやっていることといえば、最初にみんなが守るべきルールを決めたことでしょうか」

八巻さんが保福寺で共同生活を送るうえで定めたルールは、たったのふたつ。ケンカ両成敗。そして、飲酒の禁止。

「酒呑んで酔っぱらっているときに余震がきたらどうしようもないし、酔って口にしたことがケンカの引き金になるかもしれない。こんなときだからこそ、呑みたいという気持ちはもちろん分かるんですよ。ぼくも酒が好きですから。でも、二ヵ月酒を断ってるんです。本当はぼくもビールを浴びるほど呑みたいんですけどね」

無邪気に笑う青年僧侶が定めたルールを忠実に守る海で生きてきた漁師たちを思うとおかしかった。

被災から十日後。はじめて物資が届いた。運んでくれたのは見ず知らずの人だった。

「こんなところまでありがとうございます」

八巻さんの礼に彼はこう返した。

「こんなところまでっていういい方はよくないですよ。こんなときだからじゃないですか」

保福寺を後にする彼を見送っているとありがたくて泣けてきた。

被災後、はじめての涙だった。

〝泣き虫和尚〟

涙もろい八巻さんについた愛称である。

四月十一日。保福寺で被災一ヵ月の法要で、八巻さんはみんなに泣きながら語りかけた。

「みんな生き残るべくして、生き残ったんです。運だけで生きている人なんて、ひとりもいない。そして、生きているからには、みんな使命を背負っているはず。それぞれが、これから生きていく使命を見つけ出してください……」

生き残った者の使命。そんな話をしなければ、と八巻さんが感じた出来事があった。

四日前の四月七日深夜。女川は震度六の最大余震に襲われた。ピークに達していた緊張が途切れてしまったのか。

「もう死んでもいいかな……」

小学生の子どもを持つひとりの母親が、揺れのなかでそんな一言を零したのだ。

八巻さんは思った。自分の生に勝手に線を引くなんて絶対に間違っている。千年に一度といわれる大災害を生き延びたのに諦めてもらっては困るんだ、と。

四月二十四日と二十八日に合同葬儀を執り行なった。尾浦でできた第二のお父さんやお母さん、祖父母を絶対に泣かないで見送ろうと心に決めていた。

けれども、法話の途中、やっぱり涙が出た。

「ぼくはみんなを家族だと思っているんです」と八巻さんは続ける。「みんな縁があって結びついた。ぼくが尾浦にきたのもひとつの縁。ぼくをまるで子どもか孫のように可愛がってくれた方と出会ったのも縁。もともと二百人に満たない小さな共同体。みんな幼なじみで親戚で仕事仲間でもあったわけです。互いの性格も知っている。同じ屋根の下での避難生活は、二ヶ月になりますが、うまくいっています。共同体の結束の強さはこういうときに発揮されるんだな、と思いました」

とはいえ、尾浦を離れた人もいる。小さな共同体である。出て行く人にも負い目はある。一方、残された人にも割り切れない思いは残る。

小さな共同体だから結束できた半面、行動が制限されてしまう場面がでてきた。

「子どもの教育や仕事を考えて内陸部の親戚の家に身を寄せたいという人が多いんです。出て行く人がいれば、みんなの気持ちを考えると行動に移すのが難しいと悩む人がいる。特に新しい仕事を見つけることができる若い人はなるべく早く再起したいと焦っている。これからの生活を左右する問題だし、簡単に答えがでるわけでもない。正解はない。ぼくにできるのは、みんなの話に耳を傾けるだけでした」

五月二十日に保福寺は避難所としての役割を終える。被災した人々の状況を把握するため小学校や体育館などの公設の避難所に移るように、と行政からいわれているのだという。

年齢、被災状況、職業、家族構成……。尾浦に暮らす人々も当然、それぞれの事情を持つ。生き残った後、それぞれが新たな生活を築く準備をはじめる時期にきていた。

「最初の段階では何よりも食料をどうやって手に入れるかが大きな問題だった。二ヵ月経ったいま、食料は自分たちで買えるようになった。次は、生活を立てなおすためのお金をどうするかが一番の問題になった。次々に新しい問題が出てくる」

八巻さんは言葉を継ぐ。

「基本的に被災者は支援を待っている立場と思われていますよね。でも、現状を訴えていくべきだとも思うんです。もし機会があれば、継続的に東京などで、女川が置かれている『いま』を話して支援を訴えたいですね。これから尾浦をどう立てなおすか。あるいは尾浦で生きてきたおじいちゃん、おばあちゃんをどう見送るか。ぼくたちは、その問題と向き合わなければならない。ぼく自身、保福寺の和尚として尾浦に骨を埋めるわけですから――」

被災地の隣で

六月三日金曜日／被災後八五日目

寺院の前には、早緑の水田が広がっていた。農道に白い軽トラックが止まっている。苗代を育てるビニールハウスが見えた。早苗。苗代から水田に植えかえられたばかりの細く頼りない苗と苗の間をアオガエルやオタマジャクシ、ドジョウ、ゲンゴロウが泳いでいた。一キロほど西を流れる最上川の支流からひいた水が田を満たしている。水面すれすれを舞う濃紺のチョウは、カラスアゲハだろうか。

汽笛が響く。

シルバーの車体にグリーンとオレンジのラインが入った列車が寺院のすぐ東側を走っている。福島駅と青森駅を結ぶ奥羽本線。その先にそびえるのが、奥羽山脈だ。原風景。やはり浮かんでくるのは、そんな言葉だ。

ぼくは、山形県大石田町鷹巣にいた。

犠牲者をいかに弔っていくか――。

保福寺の八巻さんの話を聞き、考えさせられた。そんなとき、東日本大震災の犠牲者の葬儀を行なっているという大石田の僧侶の存在を知った。

「うちだけで津波の犠牲になった二十六霊の仏さまの葬儀をあげました。セレモニーホールや斎場などを含めると、七十霊のご供養をさせていただきました。石巻市、東松島市、亘理町、山元町……。みなさん、ご遺体を抱えて冬の奥羽山脈を越えて大石田までやってきたんです」

曹洞宗柳梅山地福寺の住職・宇野全匡さんが纏う濃紫の僧衣が緑の水田に映えた。

住職の顔は日焼けしていた。一週間前の五月二十八日、地元の人々とともに田植えをしたばかりなのだという。

江戸時代、大石田は水運で栄えた。最上川最大の舟着き場があった。河口の港町・酒田に入港した上方からの北前船が、塩や木綿の日用品の他、ひな人形などを荷揚げした。川舟に積みかえられた荷物は、大石田などの舟着き場まで運ばれて、出羽仙台街道で奥羽山脈を越えて仙台の城下町まで届けられた。

出羽仙台街道は、現在の国道四七号線。多くの被災者が、この山道を通り、まだ雪に覆われた農村の寺院までやってきたのだ。

大切な人を早く荼毘に付してやりたい。その一心で。

「『震災という縁』で、仏さまは大石田にこざるをえなかった」と宇野さんは語る。「一方的に押しつけられた身内の死を受け入れるには、長い時間とかなりのエネルギーが必要になる。残された方々が、辛さや悲しみだけを抱えて生きていくのはとても辛い。私は、遺族の方に前向きな気持ちを持ってもらいたいのです。先週の田植えには、被災した人が八人参加してくれました。そのうち三人が子どもでした。被災した人たちがここにきたのも、仏さまが作ってくれた新しい巡り合わせ。仏教には『自然（じねん）』という言葉があります。苗が成長し、稲穂をつける……。そんなふうに時間とともに親しい人の死を受け入れて前向きに生きていける環境作りが、いま必要とされているんです」

石巻、大石田そして、北海道奥尻島。

三つの町が〝震災という縁〟をきっかけに宇野さんと被災者とを結びつけた。

石巻市湊町の萬稔山松巖寺。石巻漁港がある旧北上川河口近くにある曹洞宗の寺院だ。宇野さんと松巖寺の住職は大本山永平寺でともに修業した旧知の仲である。

被災当日。地福寺も揺れた。宇野さんは、松巖寺の住職に安否確認の電話をしたが、まったく繋がらなかった。

一日、二日……。時間が過ぎていった。石巻の状況はまったく分からなかったものの、同時期に修業した全国の仲間たちから支援を申し出る連絡がきた。緊急物資が続々と届いた。宇野さんは、地福寺を基地にして被災地を支援する態勢を整えていった。

石巻と連絡が取れたのは、三月二十日。松巖寺の住職は無事だった。高台にある妹の家に着の身着のままで避難していた。寺院は地盤沈下で浸水。檀家とは連絡が取れない。食べ物も衣類も燃料も、何もかも不足しているという。

翌日、米とガソリンなどの緊急物資を積んだ自動車が石巻に向け、出発した。宇野さんは、十五年にわたり、ネパールのズビン村の子どもたちを支援する団体「ＮＩＪＩ（虹）」の代表を務めている。四年前に肺ガンの手術をして体調が万全ではない宇野さんに代わり、「ＮＩＪＩ」のメンバーふたりが被災地に入った。

帰ってきたふたりの様子を見て、宇野さんは被災地の状況を察した。

普段はまっすぐ目を見て話す彼らが、目を伏せて言葉を継ぐ。木や電柱に引っかかるイヌやネコの死体、瓦礫のなかに垣間見える遺体らしきもの、長い棒を持って身内を捜す遺族……。ふたりが語るのは、テレビ報道が切り取った被災地の映像とは、まったく違う現実だった。

大変なことになる——。宇野さんは直感した。

瓦礫の撤去や町の再建。そんな側面だけに危惧を覚えたわけではなかった。生き残った人たちは、大きな不安や悲しみに襲われている。これから供養を重ねていかなければ、死を受け止めることができなくなる、と。

宇野さんは、北海道奥尻島の人々を思い出していた。

一九九三年七月の北海道南西沖地震。津波が奥尻島を襲った。死者・行方不明者は、二百三十人を数えた。その一年後、山形県の僧侶たちが慰霊のための地蔵を建立した。このとき、宇野さんも奥尻島を訪れた。

地蔵の開眼が終わると、宇野さんたちは海岸で山形の郷土料理の芋煮を振る舞った。生き残った人々が語る津波の現実が信じられないほど、きれいで穏やかな海が広がっていた。

「和尚さん」とひとりの少女が宇野さんに話しかけてきた。「お地蔵さま、触ったけど、お母さん、こなかったよ」

当時、小学校高学年だったユミちゃんは家族七人全員を流されていた。開眼法要で宇野さんは、被災した人たちに話した。

「家族と会いたくなったら、ここでお地蔵さんを触ってください。そうすれば仏さんは必ずきます。そう信じて拝んでください」

「ありがたい。ありがたい」とみんな地蔵をなでた。けれども、ユミちゃんだけは「誰もこなかったよ」というのだ。宇野さんは詫びた。

「ユミちゃん、ごめんな。これにはちょっとテクニックがいるんだ。誰に会いたいの？」

「お母さん！」と応えたユミちゃんに宇野さんは質問を続けた。

「お母さん、どんな人だった？　優しかった？」

ユミちゃんは、地蔵をなでながら母親についてうれしそうに語った。さらに聞いた。

「和尚さんには、どんな人か、まだ分かんないな。もっと詳しく教えてよ」

「えーっ。まだ分かんないの」

ユミちゃんは母親の思い出を話した。父、兄、弟……。海に消えた家族全員の話をしながら地蔵をなで続けた後、ユミちゃんはこういった。

「和尚さん、わたし、みんなに会いたくなったら、ここにくるから――」

少女の言葉が、宇野さんに響いた。

「心を開かなかったら、ユミちゃんにとってお地蔵さんはただの石でしかなかった。経を読むだけが私の仕事ではなかった。亡くなった人について語る遺族の思いを聞く。何度も何度も聞く。それが私たちの役割なんだなと痛感しました」

「奥尻で学んだこと」は、もうひとつある。奥尻島では、寺院も斎場も被害を受けた。遺体を船に乗せて、六十一キロ東の江差町に運び、火葬するしかなかった。

「現実に起きてから検討していては、すべてが後手後手にまわってしまう」と宇野さんは感じた。遺族が「心を開かなかったら」地蔵も経も意味を持たない。そして、遺族が心を開くには、準備が必要なのだ。

「対症療法では対応できなかった。私が大石田で暮らしはじめて三十年。地域の繋がりを作れたのが、大きかった」

亡くなった先代住職の後任として、宇野さんが地福寺にやってきたのは、一九七一年のことだ。ただ、死者を弔うだけの住職にはなりたくなかった。

大石田の隣町である尾花沢市出身の宇野さんは、「人が集まるような寺にしたいが、よそ者の自分に何ができるか」と考えていた。

まず寺子屋を開いて子どもたちに勉強を教えた。すると父母が足を運ぶようになった。要望が出てきた。子育ての相談会、座禅会、お茶会、そろばん塾などを開いた。年配者のために地蔵講を復活させた。人間関係や親子関係などに悩みを抱える子どもたちを寺に引き取った。草野球チームを作った。

「結果として何かひとつでも継続できれば、と考えていた」

地福寺の野球熱が大石田全体に飛び火した。当時、人口約一万人の町に十二ものチームができた。リーグ戦がはじまった。毎年の開幕戦には町長ら町の有力者が顔を出すようになった。

そして、三十年が過ぎた。

寺子屋の子どもたちは町の経済や行政を支える立場に成長した。尾花沢・大石田の仏教会の会長を務める宇野さんは、かつての教え子たちに働きかけた。沿岸部では焼き場も斎場も被災している。葬儀や火葬を頼まれたら、いつでも受け入れられるような態勢を作っておこう、と。

東北の太平洋沿岸にはいくつもの小さな浜や港が続いている。数十、数百の「奥尻」が存在していた。被災地では、遺体を焼くことすらできず、土葬がはじまっていた。

はじめて津波の犠牲者を受け入れたのは三月二十四日のこと。

「遺族の方々は、どれだけ不安だったか」と宇野さんは続ける。「私たちの生活のなかで、葬儀はごく日常的に行なわれています。多くの場合は、病院で病名がつけられて、闘病して……その過程で親族は徐々に死を受け止めていく。だが、今回のような状況では心の準備がまったくできていない。それだけではなく、住職の私とも初対面なわけです。遺体を抱えて、見ず知らずの土地にやってくる遺族の方々の気持ちを思うと……。少しでも不安を取りのぞいてあげるのが、我々の最初の役割だと考えていました」

通常なら遺体を棺に納めて、自宅で通夜を行ない、斎場へ向かう前に送棺の供養をする。死という現実を徐々に受け入れる下地が作られる。宇野さんがいう「心の準備」だ。クローゼットから喪服を出して着るというプロセスだってそうだろう。

けれども、喪服は、自宅ごと流されてしまっている。通夜や送棺どころか、棺すらない。手向ける花もない。当初、大石田にやってくる遺族は、分厚い防寒具を幾重にも着ていた。毛布でくるんだだけの遺体をライトバンに乗せて、津波に破壊された町を出発してきたのだ。

仮に石巻からなら、涌谷、大崎を経て、かつてこの地を旅した俳人・松尾芭蕉にちなんで「奥の細道湯けむりライン」とも呼ばれる陸羽東線と平行して走る国道四七号線に入る。峠道。こぢんまりとした温泉郷が立ち代わり現れる。川渡温泉、鳴子温泉、中山平温泉、山形県に入り、赤倉温泉、瀬見温泉と続く。三月末でも場所によっては一メートルを超える残雪がある。大石田にいたるまでは三時間三十分の道のり。天候や道路状況が悪ければ、四時間は優にかかる。大切な人の亡骸を抱えながら遺族は、何を思ったのか。車内は重く沈黙していたのか。ようやく弔ってあげられるという安堵の空気がほんのわずかでも漂っていたのか……。

「道中、都合がいいときにお電話ください」

宇野さんは、あらかじめ遺族に携帯電話の番号を伝え、頻繁にやりとりした。

「いま、大崎に着きました」「鳴子温泉を通過しています」「山形に入ったのでもうすぐ着くと思います」……。

遺族から連絡が入ると、そのたびに些細な会話が生まれる。そして、地福寺に到着した遺族を、宇野さんは弟子とともに合掌して出迎えるのだ。

「何度も電話で話していると、はじめてお会いするのに親近感がわくというか、旧知の間柄みたいに思えてくる。相手の到着時間も分かるから、出迎えることができる。そうすると壁がなくなるんです。遺族の方々が不安を抱えていると、仏さまも安心できないでしょう。私は、遺族の方々に仏さまの人柄や仏さまとの思い出を詳しく聞くようにしています。しっかり準備して、仏さまと遺族の方々をお迎えして供養を重ねていかなければならないんです」

火葬を終えると、宇野さんは遺族を地福寺に招く。遺族は、宇野さんの妻、八重子さんが作った芋煮などを食べながら、死者の思い出、避難生活の苦労や悩みを打ち明ける。ときにはビールを呑みながら話をする。

ある日のこと。いつものように被災地に戻る遺族を見送りに出た。

「またあの瓦礫の山に帰るのか……」

自動車に乗りこむ間際。ひとりの男性が、ため息とともに零した一言が忘れられない。

地福寺の食堂兼台所には、二十六枚のA４版の紙が貼られていた。地福寺で弔った二十六人の犠牲者の俗名がそれぞれ記されている。没年月日の欄は、みな平成二十三年三月十一日。初七日から百箇日までの日付が並んでいる。俗名の下に年齢が書かれていた。五八歳。二一歳。四一歳。七六歳。一三歳。二六歳。八四歳。三歳。三二歳……。

「悲しみを受け入れていくのに大切なのはこれからなんです」と宇野さんはいう。「死をゆっくり受け止めていくために昔からご法事があった。定期的に親族が集まって、それぞれの近況や仏さんの思い出を和気藹々と語り合う。それも供養なんです。面倒くさいといえば面倒くさいのかもしれないし、最近は合理化や効率化といって、おざなりにする人も増えています。でも、亡くなった人への思いを早く片付けたくても、簡単に割り切れるものではありません。供養を重ねていく過程で、仏さまとの記憶を家族で共有しながらゆっくりとその死を受け入れてほしいのです。法事は、亡くなった人を偲ぶだけの集まりではありません。故人の記憶を親族で共有し、子や孫に伝えて仏さまとともに生きていると実感する場、残された人が前に進むための場なのです」

だが、今なお遺体を捜し続ける被災者が大勢いる。

宇野さんが「己の無力さを感じた」体験があった。

「和尚さん、お骨をどこに安置すればいいのか分からないんです……」

宇野さんは火葬を終えた遺族からそんな悩みを打ち明けられた。菩提寺は被災している。段ボールか何かで急ごしらえの祭壇を作りたいが、避難所には未だに身内の遺体が見つかっていない被災者もいる。仮土葬せざるをえなかった遺族も多い。彼らの気持ちを考えると、申しわけがなくてお祀りできない、と。

そんなふうに考えなくても大丈夫ですよ、とはどうしてもいえなかった。

「辛いですね……」

宇野さんは、それ以上、言葉が見つからなかった。

お骨を預かることしかできなかった。

三月二十五日、宇野さんは石巻の大川小学校の児童のひとりを弔った。北上川河口近くに建つ大川小学校。川をさかのぼった津波が、校舎をのみこんだ。全校生徒百八人。うち六十八人が死亡。六人が行方不明のままだ。

「親だけではなくて葛藤や苦しみを口にできない生き残った子どもたちの半年後、一年後が、心配になりました。早く死を受け止めることができる環境を作らなければ、と」

翌日、宇野さんは自身の代理として、弟子の加藤全介さんを大川小学校に向かわせた。加藤さんは校庭の瓦礫のなかから見つけた板で祭壇を作った。「こんなときに宗派は関係ない」と偶然拾った木造の大黒天を本尊にした。ヘドロを集めて線香を立て、花を供えた。

合掌して経をあげる加藤さんの姿を見ると、多くの人が集まってきた。みな手を合わせて涙を流した。これから続く長い供養の第一歩なのかもしれなかった——。

大石田に戻った加藤さんは、師に漏らした。

あんなに悲しいお経はなかった、と。

六月四日土曜日／被災後八六日目

被災した人々が遺体を抱えて通ってきたであろう出羽仙台街道を逆に走り、沿岸部に向かった。三ヵ月前、雪で覆われていた山道の風景は、いま、深緑に色を変えている。

石巻市釜谷地区。北上川河口一帯に広がっていた緑の葦原は消えていた。その痕跡すら見つからなかった。

大川小学校の校舎の壁は、波に突き破られたままだ。裏山までは津波が届かなかったのだろう。何もなかったように黒々とした樹木が茂る。そのせいか、校舎の周辺が、すべてくすんだ錆色に見えた。壊れた校舎にも、積み重ねられた自動車にも、瓦礫にも、落っこちていたボールにも、乾いた泥がへばりついていた。

津波は、子どもたちの命とともに、風景から色も奪っていったのだ。地福寺の田園風景とは対称的なモノトーンの風景だった。

沈んだ門柱が祭壇だった。真新しい小さな地蔵が建立されていた。バケツには新しい花束がいくつも供えられていた。手向けられた物すべてが、子どもが犠牲になった事実を改めて突き付けてきた。

ドラえもんやミッキーマウスのぬいぐるみ、鯉のぼり、「チョコチップクッキー」「ヤクルト」「プッチンプリン」「コアラのマーチ」「マーブルチョコ」「カプリコ」「うまい棒」。そして、サランラップに包まれた小さな手作りのおにぎり……。

色紙があった。行方不明の娘に何度も何度も母は詫びていた。

〈どこかにいるはずなのに……。分かってあげられなくてごめんね。夢にも出てきてくれないからお父さんもお母さんもおじいさんもおばあさんもみんなさみしいよ。何もしてあげられなくてごめんね。本当にごめんね。夢の中で会えたら思いっきり「だっこ」してあげるよ……〉

遺体すらない子どもの死を受け入れることなんて、本当にできるのか。

「復興」「心のケア」「がんばろう、ニッポン」……。手垢のついた言葉は、ここにもまったく届いていない。

祭壇の裏。地蔵と背中を合わせるようにして、五十センチほどの大黒天が地面に立ってい

た。宇野さんの弟子の加藤さんが拾って本尊にした大黒天に違いなかった。所々、ひび割れてい

た。口のなかにも、首に巻いた数珠の隙間にも泥が入りこんでいた。

満身創痍の大黒天に手を合わせて祈った被災者の姿を思った。大黒天に手を合わせる。

大黒天は、ただそこに立ち、遺族の悲しみを受け止め続けたのか、と思った。

尾浦、再び

七月十九日火曜日／一三一日目

九時五十分。再び女川町尾浦にいた。曹洞宗護天山保福寺は避難所の役割を終えていた。被災した人々が置かれた状況は時間とともに変化している。住職の八巻英成さんに改めて話を聞きたいと思ったのだ。

五十人が避難していた二ヵ月前とは、打って変わり、境内はひっそりとしていた。

参道の掲示板に張り紙がある。

〈東日本大震災　物故者　月忌追悼法要　毎月一一日午前九時～　本堂にて厳修　皆様どちらさまも　ご焼香できます〉

八巻さんはいう。

「月命日の法要は、これからもずっと継続していくつもりなんです。亡くなった人を悼むのはもちろん、被災した日に食べた、たった一個の小さなおにぎりの味を思い出す場になればな、と。そこがはじまりだったわけですから」

境内で小さなおにぎり食べた日から七十日後。避難していた住民全員が保福寺を出て、公設の避難所に移った。仮設住宅に入ったり、石巻などにアパートを借りたりした人もいた。

いま、墓や位牌の問題で頭を悩ませる檀家が多いという。

「この浜に限ったことではないんでしょうけど、都市部の人に比べたら先祖代々のお墓を守らなきゃという意識がかなり強いんですよ」

四月に入ったころから八巻さんのもとには同じような相談がいくつも持ちこまれた。

「和尚さん、地震で壊れたお墓をなおしたいんだけど、どうしたらいいんだべ？」

当初、八巻さんはピンとこなかったという。

「世代の問題かもしれないし、この辺の人たちの独特の感覚なのかもしれないけど……。住む場所がぶっ壊れて、食べる物も着る物も満足にない状況でお墓なのかって。『家はすぐになおせないけど、お墓はすぐになおせるから』といって業者に頼んでお墓を新しくした人もいたし、なおした人もいました。ご先祖様があってこその自分という意識なんでしょうね。見栄といってしまってもいいのかもしれませんが、周囲の目があるからお墓を壊れたままにしておけないという気持ちもあるんだと思います」

最近は、仮設住宅に移った檀家から「仮設に仏壇を置くスペースがない」という相談を受けたという。八巻さんは、こんなふうに応えた。

「位牌というのは故人が帰ってくる場所なんです。その位牌を守るのが、仏壇。ぼくらにとっての部屋であり、家であるともいえます。仏壇がない状態というのは、いま皆さんが仮設住宅に住んでいるのと同じだと考えてください。自分たちの家が決まったら、ご先祖さまたちを守る場所をしっかり作ってください。いまは、仮の住まいにいるわけですから、自分でご位牌を守るという気持ちが大切なんです」

被災直後、おにぎり一個で空腹をごまかし、次の食事がままならない状況が続いた。自身と家族の命の心配をしなければならなかった。海に消えた身内を捜し、見つかった遺体を荼毘に付せるのはいつか、という問題に直面した。次に住む場所と仕事をどうするかを考えなければならなかった。

そしていま——死者をどう供養していくか、という悩みを抱えている。

これからも変わらずに続くと信じていた暮らしを突然奪われて、避難所から仮設住宅へ。目まぐるしく生活環境が変わっていく。その都度、生まれる新たな問題を解決し、適応していかなければならないのだ。

いま、尾浦は、いや女川に住む人々は将来の選択を迫られていた。

移転——。女川湾の北側に位置する尾浦は、桐ヶ崎、竹浦、御前浜、指ヶ浜の四つの浜とともに北浦地区に含まれる。行政が策定した復興計画では、尾浦、竹浦、桐ヶ崎の三つの浜はひとつに集約され、尾浦近くの高台に移転されるのだという。

「北浦地区の五つの浜でもひとつひとつ性格が全然違うんですよ」と八巻さんは説明する。「もちろん隣の浜に親戚がいたり、友だちがいたりするから個人的なレベルでは仲がいい。でも、やっぱり浜単位になると、愛着があるから他の浜とは違うという気持ちは持っていますよね。ここ尾浦では、完全に漁業で食べているから、プライドが高くて他の浜よりも荒っぽい。それに約八割が鈴木姓なんです。一方、尾浦の隣の御前浜では、外からきた人が多くて様々な名字が入り混じっている。御前浜の主な産業は、林業なんです」

同じ女川町の同じ北浦地区といっても、それぞれの浜に個性があるのだ。

いくつかの浜で話を聞いたが、高台移転はともかく集約化に抵抗感や拒否感を覚える人が多いようだった。浜単位で仮設住宅に入れないか、行政にお願いしている人もいた。

それだけ〝浜〟という共同体の繋がりが強い。

「元のコミュニティを復活させて、前の生活に戻してほしいという人が多いんですよ。ただし、ここまで被害がひどいと前の状態に戻すのは厳しい。時間を戻せるわけではありませんから。なかなか現状を受け入れられないのかなと思います」

女川町が配布した〈復興方針〉では、〈復興の三つの柱〉のトップに〈防災〉とある。その後に、〈産業〉と〈住環境〉が並ぶ。防災を最重視した復興計画に思えた。そして〈復興方針で想定する期間〉は八年間としている。

「千年に一度の災害に備えた町作りってどうなのか、という意見を聞きます。高台に移りたいという人もいれば、当然、浜に戻りたいという人もいる。みんな精神的にも肉体的にも復興期間の八年間を耐えられるか。そんな心配をしているのに、千年先を考えるっていうのは、ね。次の世代の若い人のためにといっても、もともと後継者が少ない地域だったわけだから」

女川総合体育館に避難していた男性が語った〝姥捨て山化〟を八巻さんもまた危惧していた。

八巻さんは、テーブルの上にあった一冊の本を手に取った。宗教評論家のひろさちやが監修する『3日で分かる仏教』(ダイヤモンド社)。支援物資の段ボールに入っていて、ページをめくったら目に入った一説があるという。

〈二十世紀後半の約五十年を、日本人は経済発展だけを考えて生きてきました。政治をはじめとして、社会のあらゆる制度を経済一辺倒にしてしまったのです。そして教育制度も、大企業が期待する人材を養成する目的に組み替えられました〉

〈しかし、二十一世紀を迎えて、そうした経済一辺倒の日本の社会に大きな歪みが目立ちはじめています〉

前書きを読んだ八巻さんはこう続けた。

「経済一辺倒の日本のなかで置き去りにされたのが、女川だと思うんですよ。怖いんですよ。復興の途中で住民がどんどんいなくなり、『ここに町を作っても経済的にメリットがないんじゃないか』『ムダなんじゃないか』という話が出てきて、お金もなくなって、中途半端なまま放置されてしまうんじゃないのか、見捨てられるんじゃないかって」

八巻さんはタレントのみのもんたの発言が印象に残っているという。ワイドショーで瓦礫の撤去が進まない現状に触れた後、みのもんたはポロッと口にした。

「もしも、被災地が首都圏だったらこんなに放って置くのか。毎日ありとあらゆる手を尽くして日本中、世界中から建築業者を集めて瓦礫を片付けるのではないか」

そんな内容のコメントは、八巻さんの気持ちを代弁していた。

「みのさんもたまにはいいことといってくれるんだなと思いました。確かに経済的に必要とされている地域だったなら、もっと早くなんとかしていたはずなんです」

尾浦にはコンビニもスーパーもなかった。小さなタバコ屋が一軒あっただけだった。

尾浦では、仕事場である湾と生活の場である浜が一体となっていた。しかし、仕事場と生活の場を切り離すのが、高台移転だ。〝浜の人〟の暮らしは大きく変わっていくのではないか。

現時点で尾浦に戻ってきそうな人はどのくらいいるのか。八巻さんに聞いた。

「ぼくの感覚なんですが、震災前、尾浦にあった約七十軒のうち、二十軒くらいでしょうか。いままでのように共同体としてやっていけるかどうかは別の問題ですが……」

それでも被災から四ヵ月が過ぎたいま、瓦礫が取り除かれ、更地が広がっている。

八巻さんは、変わりゆく風景のなかに身を置いていると「あぁ、本当になくなってしまったんだな」という感慨がわいてきて、寂しさを覚える。瓦礫がない風景を求めていたはずなのだが、更地を前にして胸に残るのは生活の名残が消えていく喪失感だった。


八巻さんは、自身の立場の変化を実感していた。

「和尚さんも被災者じゃないもんね」

ふとした会話の拍子。ある知人は、八巻さんにそういった。悪気があったわけではない。被災地で暮らす彼は、家にも家族にも被害がなかったという。本堂も庫裏も家族も無事だった八巻さんと自身の境遇を重ねて口にしたのかもしれない。

それでも、八巻さんは戸惑った。オレは、そう見られているのか、と。

「確かにぼくは家も家族も仕事も失っていない。実際、建物などに損失がないから罹災証明も出ていないんです」

八巻さんが語った体験は、気持ちの揺れを現していた。

ある日、八巻さんは、インターネット上で被災者が希望する支援物資を書きこむサイトを見た。届いた支援物資の箱を開けると、被災者が必要としていない物ばかりだったという話を聞く。そんな被災者と支援者のギャップを埋めるべく開設されたサイトだった。

被災者が必要とする物資は、日々変わっていく。

三月十三日に営業を再開したダイエー仙台店で、緊急物資について話を聞いたことがあった。ダイエー仙台店は、震災後、大手チェーン店ではもっとも早く営業した店舗のひとつだ。

ダイエーは、創業の地である神戸が被災した経験をもとに災害時、搬送する物資をリスト化していた。直後の三日ほどは、水の他、缶詰やおにぎりなど、すぐに口にできる物が優先される。その後、カセットコンロやガスボンベなど調理器具。食料の次は下着や石けんなど。さらに時間が進むと、家具や家電、日用雑貨が求められる。

八巻さんが見たリストには、子ども用のサンダルと記されていた。子どもがプールではくサンダルが必要らしい。サイズと数量。そして、ブランドやデザインまで事細かに注文していた。

「それって、どうなの？」

八巻さんは、率直に疑問を感じた。サンダルが足りないのなら分かるが、ブランドまで名指しするのは支援物資の枠組みから外れているのではないか。

同時に別の思いも過ぎる。自分が家も家族も無事だった〝非〟被災者だから、そんな疑問を抱くのではないか、と。

「『被災者じゃない』といわれるまでぼくは被災者側にいて、みんなと様々な物事を共有できていると思っていました。このお寺が避難所だったときはきっと被災者のひとりだったんでしょうけど、たぶんいまは被災者ではないんです」

八巻さんの言葉は、ぼくにこんな問いを突き付ける。

被災者とは誰なのか。どこからどこまでが被災地なのか。あるいは、被災者や被災地を明確に区切る境界なんてあるのか。

家族や家が無事だったとしても、これからも〝壊滅〟した町で生きるのだ。証明書一枚で、線引きできる問題ではないはずだ。

証明書のない〝非〟被災者だとしても八巻さんは、被災体験を背負い、被災地の住職として歩み続ける。二ヵ月前に話してくれた夢を改めて口にした。

「七十日間、尾浦の人たちと共同生活をしてみて、高齢者の共同生活って意外と上手くいくのかなと思いました。近い将来、尾浦のおじいちゃん、おばあちゃんが帰ってこれる場所を作りたいんですよ。慣れない場所で、しかも一時的に身を寄せる仮設住宅で亡くなってほしくないんですよ。長い時間を過ごしてきた町で眠りたいというのは、当然だと思うんです。そのために何ができるか。国や行政……。誰かがやってくれるのを待つんじゃなくて、自分の問題として積極的に動いていきたい。もっと多くの人に住民の気持ちや意志を知ってほしい」

この五日後、東京都練馬区石神井公園のライブハウスでコンサートが開かれた。

八巻さんの気持ちに賛同したトロンボーンカルテット「O/C'S（オーシーズ）」が、尾浦を支援しようと開催したのだ。八巻さんは、集まった四十人ほどの観客を前に女川が、尾浦が、置かれた現状を語りかけた。

浜を離れて

七月二十八日木曜日／一四〇日目

女川町尾浦でギンザケ養殖を営んでいた鈴木賀行さんに連絡したのは、正午過ぎのことだった。石巻、女川などに一週間ほど滞在するので、改めて話を聞かせてもらおうと思ったのだ。

「いま、四国の高松なんです」

香川県高松市。携帯電話の向こうで鈴木さんは意外な地名を口にした。

新天地で再起を図ろうとしているのか。

一瞬、そんな考えが浮かんだ。でも、そうではないらしい。

「ギンザケの養殖施設を視察にきているんです。明日には戻りますので、そのとき詳しく話しますよ」と鈴木さんは続けた。

漁業なくしては、尾浦の復活はありえない――。

二ヵ月前、尾浦地区の役員を務める鈴木さんは、保福寺でそういい切った。

「養殖再開まで三年はかかるでしょう。それまで仕事をどうするか。すでに新しい仕事を見つけた人もいる。高齢で漁業をやめる人もいる。内陸部の親戚に身を寄せた人もいる。出稼ぎみたいな仕事はたくさんあるようなんです。でも、踏ん切りがつきません。私の奥さんは外国の人で娘もまだ一三歳ですから」

鈴木さんの話の端々から家族への思いが伝わってきた。

女川のニッスイの水産加工場で働いていた南米・ボリビア出身の妻と結婚したのは、十四年前。そして、ひとり娘が誕生。三年前には、家を新築。しかし、数千万円もかけた養殖の設備も、妻と娘のために建てた家も、近所に住んでいた母親も流されてしまった。

七月二十九日金曜日／一四一日目

「ありがとうございます。まだお骨と位牌を保福寺に預けたままなんです」

ご焼香させてほしい、というぼくに鈴木さんはそう応えた。

十四時二十分。石巻市蛇田のリフォームを済ませたばかりの真新しい2LDKのアパートが鈴木さん一家の仮の住まいだった。「見なし仮設」に引っ越したのは、六月二十七日のことだ。

被災地では資材や用地の不足で仮設住宅の建設が難航。避難所での生活は長期化している。被災者が自力で借りた賃貸住宅を自治体が借り換える制度が「見なし仮設」である。二年間、賃料は自治体が負担する。

「尾浦にまた家を建てて、養殖を続ける。その気持ちはいまも変わっていませんよ。尾浦の仮設住宅に入ろうかとも考えたのですが、中学生の娘のことを考えてここに引っ越したんです。やっぱり娘の将来が一番ですから」

女川には高校がひとつしかない。しかも、その女川高校は二〇一二年で募集を停止。二〇一四年の閉校が決まっている。以前から女川では、石巻市内の高校に進学する中学生がほとんどだった。津波で流された石巻と女川を結ぶ石巻線、女川駅の復旧の目途は立っていない。臨時の路線バスが運行されているが、女川から石巻の高校に通うとなれば、家族の送り迎えが必要になる。

「娘は、津波被害がひどい場所には行きたがらないのですが、それでも生まれ育った尾浦は好きみたいですね。よくいっていますよ。『また尾浦に住みたいね』って」

小さな共同体では、家は都市部とは違った意味を持つ。

「小さな浜には、家を建てて「世間並み」『一人前」という考えが残っているんです。浜で生きる男にとって家は、『ちゃんと働いてきたんだ』という証みたいなものだと思いますよ」

鈴木さんは一九四八年、女川町尾浦に生まれた。五月に行なわれる浜の祭りが子どものころから好きだったという。当時から尾浦では、養殖が盛んに行なわれていた。繁忙期。子どもたちは、学校を休んでカキの殻剥きなどを手伝った。

「そりゃ、若いときは好き勝手にやりたかったよ」と鈴木さんは振り返る。「養殖業にも『汚い』っていうイメージを持っていました。都会の話を聞いたときは、浜を出たいなと思いました」

それでも、鈴木さんは、高校卒業後、「長男だし、ちゃらんぽらんなことをやっていられないから」と家業である養殖業に就く。

カキ、ホヤ、ホタテ。様々な養殖に携わった。鈴木さんがニッスイと提携してギンザケの養殖をはじめたのは、二十一年前。鈴木さんは、種苗の育成から加工、販売まで手がけることで品質のよいギンザケを安定して生産してきた。

宮城県のギンザケ生産量は、全国シェアの九〇％を占めた。宮城県で生産される年間一万二〇〇〇トン前後のギンザケのうち、三〇％から四〇％が女川町産だった。

ニッスイは、ホームページで女川との関わりをこう紹介している。

〈女川はニッスイが手がけた最初のさけ・ます養殖の生産拠点で、一九八〇年代後半から女川や志津川の養殖業者と提携して銀さけの養殖を開始、近年は年間二、〇〇〇トン前後を生産し「ギンギン銀鮭」というブランド名で販売しています〉

ニッスイは、女川にふたつあった冷凍食品やちくわなどを生産する工場の撤退を五月に発表した。今後、ニッスイは、どのような形で〈最初のさけ・ます養殖の生産拠点〉である女川のギンザケ養殖をサポートしていくのか。

しかし、と鈴木さんは、口を開いた。

「問題は、原発事故ですよ。昨日も牛肉が出荷停止になったし、怖いんですよ」

この日の朝日新聞では〈宮城産牛の出荷停止〉という見出しで宮城県産和牛からセシウムが検出されたと報じていた。

女川にも原子力発電所はある。女川町と石巻市にまたがる東北電力の女川原発だ。着工は一九八〇年。鈴木さんの父は反対派住民の取りまとめ役のひとりだった。鈴木さん自身も建設には反対だった。

「一言でいえば、原発とは何か、放射能とは何か、よく分からなかったから反対したんです。結局は、押し切られる形で建設がはじまりました。用地を高く買い上げてもらったりして、賛成した人も大勢いましたから……。福島原発で事故が起きたばかりの時期は、まさか百キロ以上離れているここらあたりにまで影響が出るとは思いませんでした。女川原発ならともかく、福島原発の事故で、宮城県の漁師や農家が苦しむなんて想像できなかった」

そして、こう続ける。

「これからいったい、どうなってしまうのか」

それは、いま誰もが共通して抱いている不安だ。

福島第一原発事故。鈴木さんたち女川の漁業者にとっても生業の継続を左右する大問題である。先日、女川のある浜でギンザケ養殖を手がけていた漁師に漁業再開について話を聞いたときだった。「できるだけ早く再開したい」と語っていたが、話が原発事故や放射性物質に及ぶと急に口調が変わった。

「放射能のことをオレらがいろいろ考えても答えなんか出るはずないんだ。だから、やるしかないんだ！　やるしか‼」

彼は、語気を強めて、一気にまくし立てた。目に見えない放射性物質への不安を拒絶するかのような頑で感情的な物いいが、逆に不安の深さを感じさせた。鈴木さんはいう。

「『いますぐ再開したい』といって、生け簀を浮かべたり、網を準備したりしている人は大勢いるんです。やるとなれば、稚魚もエサもなんとかなるかもしれない。でも、放射能の影響がどうでるか分からない。それに養殖というのは、今日やって明日明後日で結果がでる仕事じゃないでしょう。半年、一年かけて育てて、セシウムが出たなんていったら大変なことですよ。私は一年は様子を見て、来年から再開するつもりなんだけど……」

だが、一年間も休むわけにはいかない。

鈴木さんは、ひとつの決断をした。

尾浦での漁業再開の道筋をいかに見いだし、家族が一緒に暮らすこれからを築いていくか。そのために鈴木さんは、一時的に家族と離れる。

香川県高松市の養殖施設の視察は、その準備だった。

「高松は、生け簀の設備も、漁場や自然環境も、違うわけです。他の養殖施設を見て勉強して、尾浦で養殖再開するときに活かせれば」

漁師は〝とってなんぼの商売〟だ。

三月十一日。津波に襲われたのは、ギンザケを出荷する直前だった。鈴木さんたち養殖業者が半年かけて育ててきたギンザケは海に逃げてしまった。当然、収入は海に消えた。

「しばらくは、義援金、支援金でなんとかするしかない」のが現実だ。

いま、女川湾に釣り糸を垂らすと丸々と太ったギンザケがどんどん釣れると噂だ。養殖設備もろとも波にさらわれたギンザケである。

国産ギンザケの一大産地であった宮城県沿岸部は、津波被害と原発事故で、早期再開は困難な状況に追い込まれている。

この秋からニッスイは、宮城県沿岸部の代替地として鳥取県境港市でギンザケ養殖事業をはじめる。鈴木さんは、その施設で働くという。

「半年くらいは働いて、尾浦で漁業を再開する準備ができれば……」と鈴木さんは続ける。「家族のためにも、一生懸命がんばって働くしかないんです。前向きに考えているんです。自分を試したいといえばいいかな。尾浦で、さらに美味しいギンザケが生産できるステップであり、新しい経験をするチャンスだと考えているんです」

鈴木さんが下した決断に、二週間ほど前に耳にした会話が蘇った。

石巻市小船越。国道四五号線沿いの「上品の郷」。「ふたごの湯」という温泉が設置された道の駅である。目前に流れる追波川の先には、田園が広がっている。

石巻で宿がとれないと追波川の河畔にテントをはり、「上品の郷」で汗を流した。

七月十五日土曜日。週末だからだろうか。「ふたごの湯」は盛況だった。地元の人たちだけではない。Tシャツの背中に〈がんばっぺ、石巻〉という文字を背負ったボランティアと思しき若者たちの集団もいた。

露天風呂に入った。ぼくの隣で湯に浸かるふたりの男の会話が、ぽつり、ぽつり、漏れ聞こえてくる。久々の再会は、互いの安否の確認からはじまった。

「あんたんとこ、無事だったけかや？」

「うちは大丈夫だったけど、あんたんとこは？」

「うちは二日目にひっくり返った船を戻して嫁の家に向かったんだけどなあ。嫁の家さ着く前に途中で会った人がたくさんいてよ。そんな人たちを助けていたから、いつまで経っても嫁の家さ着かねえんだっちゃ」

「んだっちゃあ。二日目なんていったら何が何だが分かんねがったもんなあ」

「結局、嫁のオヤジとオフクロは、ダメだった。年取ってだからなあ」

「オライも雄勝の親戚がやらった（やられた）」

いつもは港町の方言らしく威勢よく、ときに乱暴に聞こえる石巻弁が、湯舟に沈みこむように静かに響いた。

「うちの加工場は、機械類やらやられてダメだ。いつ再開すんだか」

「んだなあ。仕事もないんだものなあ。どんどん人も（石巻から）いねぐなる（いなくなる）ばっかりだ」

「もう、こだんどこさ住むヤツいねえって」

「ホントにまいったなあ」

「ここで暮らすんなら、出稼ぎさでも行ぐしかねえっちゃ……」

東日本大震災後、生まれ育った浜を離れて、あるいは住み慣れた町を出て、都会に仕事を求める人たちの話は幾度も耳にした。

出稼ぎ――。

農閑期の冬。東北の農村から多くの人が都市に働きに出た。身近な知人にも出稼ぎ経験者はいる。東北の農村部では珍しい話ではない。

三十代のぼくにとって、出稼ぎは東北の負のイメージを孕む単語だ。連想するのは、農村の貧しさ、雪に閉ざされた暗い冬、都会の工事現場での事故死……。ぼくは、いままで出稼ぎの記憶を、農村部の、何よりも過去の話として聞いてきた。

出稼ぎは、季節によって変わる多様な魚介類を獲る漁師とは無関係だと思いこんでいた。しかも、三陸沖は、世界三大漁場のひとつに数えられる好漁場だ。

海に育まれて生きてきた人々が、津波と原発事故の影響で、浜を離れて働かざるをえない状況に追いこまれてしまっているのだ。

鈴木さんも、いままでと同じギンザケ養殖に関わるとはいえ、家族のために住み慣れた浜から遠く離れる決断をした。最後に鈴木さんはこう語った。

「瓦礫が片付いた。電気が復旧した。水道が通った。市場が再開した。サンマ船が出漁した……。テレビや新聞では、そんな話題を取り上げて復興っていいますよね。確かに復興の第一歩とはいえるかもしれない、でも、サンマを水揚げして、市場で売っても、冷凍庫はまだほとんど動いていない。加工場も流されたまま。私には、まったく先が見えない。いままでそこにあったものを、仕方がないからなおしているだけに見える。どこでどんなふうに復興がはじまっているのか、私には分からないんです」

ただ、待つしかない

「復興なんて、そんな生やさしいもんじゃない。オレは、漁業が軌道に乗るまで五年。いや十年と見ている。それでもここで生きていく。この海以外で生きていくなんて考えたこともないから」

四月五日に出会った女川町指ヶ浜の漁師、鈴木忠一郎さんの話が、少しやつれた表情とともに記憶に刻まれていた。

鈴木忠一郎さんと尾浦の鈴木賀行さんは、女川第一中学校時代の同級生だったという。鈴木忠一郎さんにも漁業再開について話を聞いてみたいと思って、何度か指ヶ浜を訪ねてはいたが、なかなか会えなかった。

太平洋沿岸沿いを走る「リアスブルーライン」を女川の中心部から旧雄勝町方面に向かうと、石浜、桐ヶ崎、竹浦、尾浦、御前浜、指ヶ浜という順番になる。

七月十五日。指ヶ浜に向かう途中、尾浦に寄った。家の残骸と瓦礫があった場所の更地は畑になっていた。ナスとキュウリの苗が紫色と黄色の花をつけている。隣に植えたトマトの苗には、硬そうな青い実がなっている。その周囲を大量のハエが飛びまわる。

尾浦から指ヶ浜までは、四キロから五キロほどの距離だろうか。

被災前、指ヶ浜の人口は、百三人。死者・行方不明者は、十三人を数えた。

鈴木さんの家は津波で流されている。辛うじて残った作業場もきれいに取り払われていた。建物が消えた敷地には、丁寧に広げられた漁網が乾かされている。

家を奪われ、放射能の不安を抱えながら、鈴木さんも海へ出る準備をしているのだ。

それでもここで生きていく――。鈴木さんの言葉が蘇る。

鈴木さんの家の向かいでは、重機が枠組みだけになった水産加工場を取り壊していた。解体作業員に聞いてみるが、鈴木さんの居場所は分からない。

仮設住宅を建設している高台まで歩いてみた。太陽に炙られた髪の毛が熱を持つ。気温は三一度。首筋や額から汗が吹き出て流れ出した。Tシャツが背中にはりつく。

坂道のちょっとしたスペースに〈救援物資〉とステッカーが貼られたプレハブが建っていた。ここが避難生活の拠点だったのだろう。小屋の前には、使いこまれて黒く煤けた七輪とバーベキュー用の大型コンロが無造作に置かれていた。

仮設住宅は完成間近。十四棟の無個性なプレハブ住宅が整然と並ぶ。頭頂部まで茶色に陽焼けしたスキンヘッドの年配の作業員と、ヘルメットから黄色の襟髪がはみ出した若い青年がふたりで、敷地を流れる小川にフェンスを設置していた。

仮設住宅が建つ場所から御前湾が見下ろせた。

翌日も指ヶ浜を訪ねた。

「忠一郎さんなら、港の瓦礫を片付けにいっているはずですよ」

鈴木さん宅があった場所のすぐ上。更地に置かれたコンテナハウスで避難生活を送る鈴木満さんは、忠一郎さんの義理の妹だった。内陸部の古川町（現・大崎市）出身の満さんは、忠一郎さんの弟の文明さんとの結婚を機に指ヶ浜で暮らしはじめた。

それから、二十七年の歳月が流れている。

「一生、この風景を見て生きていきたい。いまは、それが一番ですね」

Tシャツにハーフパンツ、帽子を被った満さんは、目前の御前湾を見やった。

藍青色の平らな海面に数艘の漁船が浮いている。

「いま、この辺で漁業をやるといっているのは、うちと忠一郎さんと、あと一、二軒なんですよ。漁業を再開したいけど決心がつかない人が多いみたい。養殖設備の資金をどうするか、それに後継者の問題もありますし。そりゃ、うちだって大変ですよ。エサをあげて育てて、いよいよ水揚げだっていう時期にギンザケに逃げられたんですから」

満さんは笑った。

「ギンザケに食い逃げされちゃったんです」

コンテナハウスの前で、瓶ビールのケースに腰掛け、満さんにもらった冷えた缶コーヒーを飲みながら話を聞いた。軒先に架けられた洗濯用ハンガーには、潮水に浸かった写真が一枚一枚乾かされている。陽射しが強い分、たまに吹いてくる潮風が気持ちよかった。海水浴場の海の家みたいだな、と感じた。

幅二・四メートル、長さ六メートルのコンテナハウスでは、満さん夫婦と二七歳の長男の司さん、そしてウェルシュ・コーギーのソラが暮らしている。

「クーラーがないから、室内が三四度を超えるんですよ」と満さんは続けた。「ソラがぐったりしちゃって。二、三日後に仮設住宅に移るとソラの引っ越しは五回目になるのかな。生まれた家、ペットショップ、そして私たちの家。次は、このコンテナハウス。でも、もう一回、新しい家を建てて引っ越ししようねって、お父さんと話しているんですよ」

三月十一日。満さんは、東北新幹線MAXやまびこ144号東京行きに乗った。神奈川県横浜市に住む娘に会いに行く予定だったのだ。

十四時四十四分。MAXやまびこ144号は、いつものように仙台駅を出発した。地震は、二分後。MAXやまびこ144号は、広瀬川に架かる鉄橋の上で急停車した。

車内には、大地震を伝えるアナウンスが繰り返される。

新幹線は再び動き出す気配はない。余震が続く。家族に何度も電話をかけるが、繋がらない。満さんは、携帯電話のワンセグを起動させてみた。

小さな画面は、いままさに仙台空港に押し寄せる黒い波を映し出した。

もう生きて会えないかもしれない……。満さんは、指ケ浜の家族を思った。

新幹線から降りたのは、揺れから六時間後。街に明かりはなかった。JRの職員の誘導に従って近所の体育館に避難した。

翌朝早くから満さんは、指ヶ浜に帰るすべを探した。仙台市内の親戚を訪ねてみたが、ガソリンが足りずに女川までは行けなかった。タクシーを止めて「女川まで」と頼んでみても「ムリだ」と断られる。それでも、ヒッチハイクをして実家がある大崎市古川まで辿り着いた。

三月十三日、甥とともに自動車で大崎を出発。しかし、女川に入ったものの瓦礫に遮られて先に進めない。

「歩いていく」

そういい張る満さんを甥は「ダメだ。ひとりでは行かせられない」と押し止めた。

夫と息子とは一切連絡が通じない。ひょっとしたら……。そう思うと居ても立ってもいられなかった。一刻も早く指ヶ浜に戻りたかった。

翌日、大崎でガソリンを十リットル給油して再び女川を目指した。進めるだけ進んだあと、自動車を降りた。水や食料を詰めたリュックサックを背負った満さんは、歩きはじめた。女川の中心部からほど近い石浜から林道に入り、山を越えて指ヶ浜の隣の御前浜に出た。石浜と尾浦、御前浜を繋ぐ御殿峠だ。夫と息子の無事を信じて雪の山道を四時間以上も休みなく歩いた。

実家で借りてきた長靴のサイズが合わなくて、足の親指の爪が鬱血して真っ黒に変色して剥がれていたのだが、まったく気がつかなかったという。

二十七年間暮らした家の屋根には、〈宮城のカキ〉〈貯金は漁協へ〉と書かれた大型の貨物コンテナが乗っていた。家がすっぽりと海に沈んでしまったのだ。

庭では、近所の人たちが、瓦礫を燃やして暖をとっていた。一緒に避難していたのは、六戸、二十人。

当初は、自動車のなかで寝ていた。もう家には入れない。誰もが諦めていたが、長男の司さんが家のなかの泥をかき出したり、ギンザケのエサを運搬するリフトで濡れた畳を運び出したりして、少しずつ片付けはじめた。

満さんと忠一郎さんの家族は、コンテナが屋根に乗った家で三ヵ月間の避難生活を送った。

いま、家は取り壊されて基礎だけになったが、敷地にはまだ〈宮城のカキ〉のコンテナが鎮座している。

「あのコンテナは、お父さんの命の〝恩人〟なんですよ」

文明さんは地震の後、二階に避難した。しかし、海水は、屋根にまで達した。泳いで高台に逃れようとした文明さんのもとにコンテナが流れてきた。文明さんは、コンテナに引っかかっていた養殖用の大型の浮きにしがみついて難を逃れたのだという。

あれから四ヵ月。冬が去り、春が過ぎ、夏になった。

冬に爪が剥がれた足の親指にようやく小さな爪が生えてきたという。

「もう涙は出ないかなと思っていたけど、あのころを思い出すとダメですね」と満さんは、少しだけ涙ぐんだ。「知り合いもたくさん亡くなりました。震災前は、親しい人が亡くなったら悲しくて辛かった。でも、いまは、悲しくも辛くもないんです。感覚が麻痺してしまったというか。感情の重みが消えたというか……」

三月十一日以降の日々を振り返ると、満さんの裡にこんな気持ちが浮かぶ。

ただ、待つしかない――。

いや、それは、満さんだけではないかもしれない。

食料を待つ。燃料を待つ。インフラの復旧を待つ。仮設住宅の建設を待つ。海に消えた家族の発見を待つ……。

被災地に生きる人たちは、確かにずっと待ち続けてきた。そして、いまも待っているのだ。

だが、いままで歩いてきた被災地の風景と出会った人々の言葉を思い返すと危惧を覚える。

ただ待つことしかできないのか。待っている間に置き去りにされてしまうのではないか、と。

季節の移ろいと海

七月三十一日日曜日／一四三日目

雨が降りそうな、どんよりとした空模様だった。

この数日、福島県と新潟県が豪雨に見舞われていた。昨日は、新潟県の南魚沼市や魚沼市、長岡市、上越市などで、一時間の雨量が観測史上最高を更新したという。

女川町指ヶ浜。仮設住宅の薄型テレビは、決壊した川から溢れ出した茶色く濁った水に浸った町や田んぼ、そして、家を追われた人たちを映し出している。

「これもでっかい災害だ。オレも、この人たちの気持ち、分かるなあ」

鈴木忠一郎さんは呟いた。

仮設住宅には、四畳半の部屋が二間と六畳が一間、そして風呂とキッチンが設置されていた。ここに鈴木忠一郎さん夫婦と息子の克彦さん夫婦、そして鈴木さんの母の五人が暮らしている。引っ越したのは、一週間前。七月二十四日の夜のことだ。

「最初は、今日、明日、食べる物、生き抜くことで精一杯だったんだ。先を考える余裕なんかなかった。いまは、仮設に入って一段落、ホッとしたけど、大変なのはこれから。次から次へと新しい問題が出てくるもんだ」

鈴木さんは、手にとった日記帳をぱらぱらとめくって、笑った。

「『三月十三日、涙の再会』だってさ」

娘の千秋さんと再会した日の記述だ。

千秋さんの職場がある小乗浜は、女川湾の対岸にある。当然、連絡は取れない。指ヶ浜から陸路で向かおうにも波が残していった瓦礫が行く手を阻む。鈴木さんは甥の司さんとともに漁船を走らせた。海上に漂う瓦礫をかわしながら、小乗浜を目指した。小乗浜の隣の高白浜に建つ旅館「海泉閣」に避難していた千秋さんを捜し出して、〈涙の再会〉を果たしたのだった。

記録に残さなければ、と鈴木さんが日記を書きはじめたのは、四月二十三日から。それ以前の部分は、記憶を辿ったり、義理の妹、満さんの日記を写したりしたのだという。

「『三月十四日。自衛隊』。道路が通れないから海上自衛隊が小さな船できてくれたんだ。『三月二十八日。コンテナ移動の件で役場へ直訴』。次は、『福島医療チーム』か。『四月七日。山形の人がボランティア』。『韓国のカップ麺もらった。まずい』。そんなことまで書いているな」

鈴木さんはまた笑った。

それにしても、と思う。

約四ヵ月ぶりに会う鈴木さんの印象はずいぶん変わっていた。

ぼくらがはじめて指ヶ浜を訪ねたのは、四月五日だった。三週間の避難生活の疲労と家を破壊されたショックからか、鈴木さんの頬はこけ、目は鋭く険しかった。亀山が撮影した写真には、無精ひげを生やした鈴木さんが、哀しさと辛さがない交ぜになった厳しい表情で写っている。けれども、いま、愛犬のミニチュアダックスフンドを撫でる表情は穏やかだ。そして、何より、鈴木さんはよく笑った。

久しぶりの海の男の笑いだった。

以前、出会った漁師たちも本当によく笑っていた。調査捕鯨に携わる船員たちも、酒を呑んでバカ話をしては笑っていた。

鈴木さんの笑いが、ちょうどこの時期に読んでいた一冊の本と重なった。

ノンフィクション作家の星野博美さんの『コンニャク屋漂流記』（文藝春秋）。千葉県は房総半島、〈コンニャク屋〉という屋号を持つ漁師の一族が星野さんのルーツである。星野さんは、江戸時代、イワシを追って和歌山県の紀伊半島から房総半島に移ってきた先祖の歴史をさかのぼる。

星野さんは、漁師の仕事と〝笑い〟や〝ホラ話〟の関係をこう書いている。

〈農民が田んぼに行ったり、会社員が会社に行くように、漁師は海という仕事場へ行く。しかしそれは「死」の待つ確率が格段に高い職場だ。（略）海の上で働くには、生死の境を常に感じ、死を覚悟しなければならない。自分を信じるしかない。よるべない世界。その緊張は、陸で暮らす人間には想像もつかないだろう。だいたいそんな緊張感は、そうそう長時間続けられるものではない。だから陸に戻った時、思いきり緩める必要があるのだろう〉として、こう続ける。

〈不安と恐怖を麻痺させる、麻薬のようなもの。それこそ、漁師にとっての「ホラ」であり、「笑

い」なのではないだろうか〉

また親戚の漁師が起こした命に関わるような漁船衝突事故について書いた後、〈そして漠然とだが、これまでずっと抱いてきた疑問――なぜ漁師には笑いが必要なのか――が、なんとなく肌で分かったような気がした〉と語り、次のように結ぶ。

〈恐怖は笑い飛ばすしかない〉

ぼくにとっても、海の男との思い出は、バカ話と笑いとともにあった。同時に調査捕鯨中の事故で、知り合いの船員がふたり命を落としている。

三月十一日以前も、ぼくは、海と死の近さを確かに感じていた。

多くの人の命が奪われて、「次から次へと新しい問題が出てくる」いまだからこそ、漁師の笑いが、必要とされているのかもしれない。

鈴木さんの祖父も父も、御前湾でウニやアワビ、タコを獲ったり、カキやホヤなどの養殖を手がけたりした漁師だった。

「オレは子どものころから、漁師が天職だって思ってた。ツキンボなんかやるとなおさらだ。逃げる獲物を追うっていうのは、人間の本能なんじゃないかね」

「ツキンボ」とは、海面を泳ぐマグロやカジキマグロなどの大型の魚やイルカなどの小型鯨類を銛で突き刺して獲る突きん棒漁だ。鈴木さんは、二百キロにもなるカジキやマカジキを追って北海道厚岸あたりの海域にまで行って操業した。

夏。早朝、指ヶ浜を出発すると、翌朝には、襟裳岬あたりの海域に着く。一度、突きん棒漁に出ると、二週間も陸を離れる。カジキマグロは、一匹二十万円から三十万円で取引される。燃料や氷など必要経費を差し引いても、一日一匹仕留めれば、元は十分に取れる。

「ところが逃げられてばかりでやあ」と鈴木さんは笑う。「逃げられると、船から飛び降りて素手で捕まえたくなるくらい悔しいもんだ。長くやっていると段々と命中率が上がってくるから、それもまた面白いんだな。採算を考えるとやってもやんなくても同じなのかもしれないんだけど、夏の海は凪ぎがいいべし。やめらんねんだな、これが」

一九四八年生まれの鈴木さんは、第一次ベビーブーム世代。鈴木さんの母校の女川第三小学校御前分校には、御前浜と指ヶ浜の子ども約八十人が机を並べた。けれども、「同級生——とくに次男坊、三男坊は、中学を卒業するとみんな浜から出て行った」と振り返る。女川第三小学校御前分校は一九九九年に廃校。本校も二〇一〇年に女川第二小学校に統合された。

女川の人口がもっとも多かったのは一九六六年二月。一九、二二六人が暮らしていたが、四十五年の間に半数近くまで減った。〈女川町復興計画〉によれば、二〇一一年三月十一日時点での人口は一〇、〇一四人。ちなみに東日本大震災後、生存が確認されたのは、九、一八二人。

鈴木さんが進学したのは、女川の中心部にある女川第一中学校。かつては御前浜の桟橋から女川の中心部などに向かう巡航船が運航されていたが、中学生は御前浜と石浜を繋いだ御殿峠の山道を一時間半もかけて歩いて登校した。

御殿峠は、沿岸を走る「リアスブルーライン」が全面開通する一九六九年まで浜の人々の生活に不可欠な山道だったのだ。

ある日、大雨が降って御殿峠の小橋が流された。もちろん中学校には行けない。味をしめた鈴木さんたち悪ガキは、雨が降ると橋が流されたといいわけして学校をさぼった。けれども、当然、雨が降っても峠を越えて通学する真面目な生徒もいる。ずる休みはすぐにばれて、教師にしかられた。そこで悪ガキたちは知恵を絞る。雨が降ると、先まわりして橋を川に落とし、誰も学校に通えないようにした。

「学校さ行って怒られるより、海の仕事している方が、なんぼか楽しかった」

鈴木さんが父の仕事を手伝いはじめたのは、中学時代からだ。

紅葉が山々を彩る十一月ころ。冬のアワビ漁が解禁になる。

「オレも行く」と鈴木さんがいうと、父はすぐに〈家庭の都合により欠席〉と中学校に提出する欠席届を書いてくれた。女川では、箱メガネを使ったカギ漁や素潜り漁が盛んに行なわれた。

中学を卒業すると、すぐに漁師になった。他の選択肢はまったく考えなかったという。

家の前を「リアスブルーライン」が通ったのは、一七歳のときのことだ。道路を挟んですぐ目の前に広がるのが御前湾だ。玄関から海まで十メートルもなかったのではないか。もともと磯だった場所を埋め立てて鈴木さんの祖父の代に家を建てたのだという。

「いまになって思えば、ムリに埋め立てをして作った場所だったかもしれない」

千年に一度の大津波に襲われたいま、鈴木さんは、そう考えている。

一九六〇年のチリ地震津波のときは、鈴木さんは小学六年生だった。家は、床上浸水。その後、津波に備えて、家を嵩上げしたのだが、千年に一度の津波の破壊力の前では、無力だった。

「家の前の道路を少しのぼった高台に貝塚があるんだ。昔からこの浜の人たちは、津波を食らって、上にのぼって、少し落ち着くと、また段々と下におりてきて、また津波を食らって、上に戻る……。長い目で見れば、その繰り返しだったのかもしれないな」

縄文土器や貝塚が出土する指ヶ浜遺跡である。古代から何度、津波に洗われても、人々は浜を捨てなかった。

「オレも津波にやられたからって、浜を離れて他の仕事をするなんて、ひとつも考えなかったよ」

それは、海が豊かだからだ。

夏の突きん棒漁や、サケ、マスを追う北洋への遠洋漁業に携わった短期間をのぞけば、鈴木さんの仕事場は、ふるさとの海だった。

「漁業は、暦通りにはいかない」と鈴木さんはいう。

二十年前くらいから、水温や水質などで漁の時期を判断するようになった。魚が十分に育っていなかったり、まだ近くの海域にいなかったりしても、「漁の解禁は、何月何日」というふうに「暦通り」になってしまった。

けれども、かつては違った。

肌で感じる風景の移ろいを察知して、漁を行なってきた。

春の訪れを告げるのが、オキアミ漁だ。例年三月上旬から四月二十日ころまでがオキアミの時期である。その後、フジの花が咲く五月下旬までがコウナゴ漁の季節。

六月から九月までの夏期は、ホヤの養殖を手がける。ミンミンゼミが鳴く盛夏。カキ養殖の準備に取りかかる。カキの産卵期。ホタテの貝殻にカキの稚貝を付着させるのだ。そして、十月からカキ養殖に入る。

カキの養殖を終える二月。文字通り、冬の魚である〈鱈〉が、旬の時期だ。タラの腹のなかからエサになったオキアミが出てくると、漁師たちは、オキアミ漁の時期——つまり、春の到来を知るのだ。

鈴木さんは長年、そんなサイクルで海と付き合ってきた。

そして、いつものように春を迎える、はずだったのだ。


二〇一一年のオキアミ漁の解禁日は、三月十四日。鈴木さんは、長男の克彦さんと雇った三人の漁師と五人で、漁の準備も試験操業も終えていた。

朝何時に船を出してオキアミ漁をはじめるか。

そんな相談をしていた矢先、震災に見舞われた。

大きく揺れたものの、鈴木さんは津波の襲来にそれほど危機感を抱いてはいなかった。

「地震から津波までなんぼ（どのくらいの時間）あったべ……」と鈴木さんは振り返る。「オオカミ少年じゃないんだけど、去年のチリ地震でも『くる』『くる』……ってこなかった。大きかったとしても床上浸水した四十年前のチリ地震津波くらいかなって思っていたから油断があったのは確かだ。地震が起きてから『用意ドン』で動き出せば、相当の準備はできたはず」

二〇一〇年二月二十七日に発生したチリ地震にともなう津波では、女川の中心部で一・二メートルの津波が観測された。せいぜいその程度だと思った。経験則が、判断を鈍らせていた。

揺れから三十分ほどが過ぎた。「水が、ばんばんばん、上がってきた」という。

家を出た鈴木さんは、母と四頭の愛犬を連れて走り出した。後ろを近所の人が走っていた。しかし、急に勢いを増した海水に足を取られて転倒。鈴木さんの目の前で流されていった。波にのまれたその人の遺体は、いまも見つかっていないという。

家の上の敷地に停めてある軽トラックの運転席に座った。後輪の半分くらいが、水に浸かっていた。動くのか。アクセルを目一杯、踏みこんで、エンジンを吹かした。

「坂道だったからよかった。もしも平地だったらみんな流されていたと思う。ホント、紙一重だったんだ」

夜。高台に逃れた鈴木さんは、山に登ってみた。漁船で沖に出ていた長男の克彦さんの無事を確かめたかったのだ。

山の頂きから海原を見渡せば、漁船の明かりが見えるのではないかと思った。だが、大粒の雪が視界を遮る。雪のなか海が広がるあたりを眺めていたが、何も見えなかった。

克彦さんが浜に戻ってきたのは、その翌日の夕方。鈴木さんが持っていた四艘の漁船のうち、流されてダメになったのは一艘。三艘が無事だった。

「うちは養殖の設備が全部やられたけど幸い船が残った。生きていくには、何かやらなくちゃいけない。手元にある漁具や資材を見て何ができるのか。漁業の再開について本格的に考えはじめたのは一ヵ月くらい経ってから。段々と先が見えるようになってきた。来月は、来年は、って」

いま、鈴木さんは、秋の漁業再開を目指している。九月末か十月ころ、アキサケの定置網漁をしようと計画している。

先日、鈴木さんは茨城県に行ってきた。定置網用の網を作ってもらおうと、二十年来付き合いがある漁網を扱う業者を訪ねたのだ。茨城県では、コウナゴから放射能性物質が検出されて、多くの漁船が漁を自粛して休業していた。

「みんな参っていた。なかには廃業して『陸の仕事』をはじめた漁師もおったよ」

指ヶ浜には漁協の組合員が二十六人いた。漁船や漁網などの漁業資材や年齢などを考えると「漁業を再開できそうなのは、七、八人」と鈴木さんは見ている。

復興計画では、指ヶ浜は隣の御前浜と一緒に指ヶ浜の高台への移転が提案されている。鈴木さんは移転案に賛成だというが、御前浜の人たちの多くが反対しているらしい。できるだけ自分が生まれ育った浜の近くに住みたいのだ。

「この海が、手の届くところにいたいんだ」と鈴木さんは語る。

海が荒れたり、時化になったりすると、漁船が心配でずっと海を見ているという。

「正直にいえば、オレも自分の浜の近くへの移転だから賛成したんだ。指ヶ浜の高台からなら、いつも海が分かるから。そりゃ、御前の人は反対すっぺな。いままで通り（北浦地区の）五つの浜に住みたいっていう気持ちは分かる。でも、もう前の状態に戻すのは、ムリだと思う。子どもの学校のことを考えて、浜を離れて女川（町の中心部）の仮設住宅に入った人もいるわけだから。それにいくつかの浜がまとまって高台に移転すれば、電気や水道が通るのも早いだろうし、いずれは地域の和も生まれるだろうし」

そう説明しながら、鈴木さんはファイルから移転候補地が記された復興計画書を取り出した。

「こういうことなんだ」と鈴木さんはファイルに入っていた香典袋を手にとった。

被災地では、家族や親戚、友人の死を悼み、弔意を抱きながらも、これからの生活再建を考えなくてはならないのだ。

久しぶりに電話した友人への一言目が、「生きてたか」。知人が亡くなったと聞いても、「あぁ、そうか……」で終わり。鈴木さんは零した。

「人の死が当たり前になりすぎて、大きなこととは思えなくなってしまった」

先日、立ち寄った石巻の大型スーパーでの風景もそうだった。

食料、書籍、靴、衣類、文房具など品物がふんだんに並ぶ店内は一見すると日常を取り戻したようだ。けれども、その一角には、喪服や線香、花を販売するスペースが当たり前のように大きく設けられている。

三月十一日以前に〝死〟をこれほど意識させる風景が日常にあっただろうか。

日常におびただしい〝死〟が、入りこんでいる。

仮設住宅を出ると小雨が舞っていた。克彦さんの妻の紀子さんが洗濯物を取りこんでいる。

行方不明だった母が、五月上旬に発見されたと聞いていた。

早い時期に紀子さんの家族は母の遺体と対面していたのだが、本人とは分からなかった。ＤＮＡと歯形の鑑定で本人と確認できたのは荼毘に付した後だった。

紀子さんはお骨になった母との対面を果たした。

「本当に運がよかったんです」と紀子さんはいった。

もちろん行方不明のままよりも、発見された方がいいに決まっている。

けれども、いつも言葉をなくしてしまう。よかったですね……。ぼくには、そんな言葉しか見つけることができなかった。

鈴木忠一郎さん、息子の克彦さんと妻、紀子さん、娘の千秋さん
４月５日　女川町

鎮魂の夏祭り

石巻駅前。「立町通り商店街」を多くの人が行き来していた。

浴衣姿のカップル、Tシャツに短パン、ビーチサンダルという夏休みスタイルの少年のグループ、揃いのTシャツを着たボランティアの若者たち……。

七月三十一日から二日間にわたって「川開き祭り」が開かれるのだ。

石巻の人々は、この夏祭りをどれほど楽しみにしていたか。

どこか、そわそわとした熱気が伝わってくる。

指ヶ浜の仮設住宅を辞去した後、破壊されて人の気配がない女川を通ってきたばかりだったから、なおさらそう感じたのかもしれない。

「立町通り商店街」に並ぶ「林屋呉服店」の店先には、〈復興支援Tシャツ販売中〉という看板とともに店先に〈NO　ONAGAWA　NO　LIFE〉〈I　♥　ISHINOMAKI〉と胸にプリントされたTシャツを飾っていた。林貴俊さんがデザインした復興支援Tシャツだ。

「林屋呉服店」の店内にも、溢れるほど人がいた。

小学生くらいの女の子を連れた家族やベルギーからきたという団体客が浴衣を選んでいる。林さんも妻の広美さんも、小学校の教員である妹の麻衣さんも……。家族総出で接客、着付けにあたっていた。

「ホント、泣けてくるよ」

甚平姿の林さんは、接客の手を休めてそう漏らした。

数日前のことだ。店に並ぶ子ども用の浴衣を見つめているおばさんがいた。声をかけた林さんに対して、彼女は問わず語りに話した。

「毎年、浴衣を着た孫と一緒にお祭りに行っていたんですよ。でも、娘もふたりの孫も流されてしまいました。今年も、『川開き』を楽しみにしていたんですけど……」

また、振り袖を「洗い」に出した常連客がいた。行方不明になっていた二十代の娘が二ヵ月ぶりに発見された。成人式の日に着た振り袖を棺に入れるのだという。

「オレは、なんていえばいいのか、分かんなかったよ」

林さんも、またかける言葉を探していた。


「川開き祭り」は、治水の名手と呼ばれた川村孫兵衛重吉の功績を称えるためにはじまった祭りだ。『仙台学』で川を特集した際に調べた経験があった。

川村孫兵衛重吉。江戸時代初期の人である。長州毛利家の元家臣。独眼竜の名で知られる仙台藩の藩祖、伊達政宗に土木の腕を買われて召し抱えられ、仙台藩士になった。頻繁に氾濫する北上川を改修し、流域の水田開発を行なった。石巻築港。そして、岩沼を流れる阿武隈川と石巻の旧北上川を結ぶ、貞山《ていざん》運河の建設に着手した。仙台藩の水上交通や物流を担った貞山運河は、日本一長い運河として知られる。

二〇〇八年十月下旬。ぼくは、総延長、四十六・六キロの貞山運河を自転車と徒歩で踏破した。貞山運河は、海岸線と平行するように伸びていた。阿武隈川河口をスタートして、岩沼、名取、仙台、多賀城、塩竈、東松島、石巻という順に通過した。

貞山運河は、あるときは住宅街を流れ、稲刈りを終えた田園地帯を横切り、大型トラックが行き交う国道と平行して走った。すぐそばに暮らす人のなかには、人工の運河とは知らず、天然の河川だと思いこんでいる人もいた。

一五九七年に開削がはじまったとされる貞山運河は、人々の生活と風景にとけこんでいた。しかし、いま、交尾するトンボが川面に卵を生みつけ、カモが浮かび、少年たちが夢中にハゼを釣っていた貞山運河沿いの風景は、失われてしまっていた。

貞山運河を辿る旅の終着点となった石巻の日和山公園には、「河北新報社」によって川村孫兵衛重吉像が建立されていた。台座には銘が刻まれていた。

〈港町石巻の基礎を築いた大恩人としての業績を後世に伝えるためここに川村孫兵衛重吉の銅像を建立、石巻市民に寄贈する〉

石巻の〈大恩人〉である川村孫兵衛重吉の功績を称えるための「川開き祭り」がはじまったのは一九一六年。同時に先祖供養や水死者を弔う川施餓鬼も行なわれてきた。

八十八回目の「川開き祭り」では、東日本大震災の犠牲者の供養が執り行なわれる。

林さんに「川開き祭り」を案内してもらおうと思っていた。

十八時三十分。空が暗くなる。祭りがはじまっている。

林さんたちと人混みを歩いた。

旧北上川の河口に架かる西内海橋の上から、中州に建つＵＦＯのような変わった建物が見える。宮城県石森町（現登米市）出身で『サイボーグ００９』や『仮面ライダー』を描いた萬画家、石ノ森章太郎の原画などを集めた「石ノ森萬画館」だ。

「波にのまれた人たちがあの屋根にバンバンぶつかったんだって。生きたまんまこの川に流されてきたんだ。でも、助けることなんてできない。どうしようもなかったらしいんだ」

林さんは、薄闇に浮かぶ流線型の白い屋根を見ていった。

『別冊東北学』の取材で「石ノ森萬画館」を訪ねたのは、二〇〇四年だったか。

改めて思う。被災地のあちこちに記憶が、こびりついている。

「寂しいなあ……」と林さんは繰り返した。「いつもよりも、人が全然いない。屋台や出店も少ない。まだ、四ヵ月ちょっとだもんな。はしゃいでる若いヤツらもいるみたいだけど、みんな心からは楽しめないんだ。やっぱり今年は、鎮魂の祭りだ」

震災前から、石巻は人通りが少ないシャッター通りだった。そのせいか、ぼくには大変な人出でとても賑やかに見えた。けれども、林さんの目には、この日の「川開き祭り」は、とても切なく映っているようだった。

鎮魂の祭り――。いずれにしても、その表現は、いまの風景にふさわしい。

特設の祭壇。焼香を待つ人々の列。経をあげる僧侶たちを囲み、手を合わせる大勢の人の輪。そのなかで、長い時間、目を瞑り、身じろぎもせず合掌する若い女性の姿が、胸を打った。

路傍には明かりをともした灯籠がずらりと並んでいる。石巻市内の小学生が作ったものだ。林家の四人兄弟姉妹の末っ子、二七歳の麻衣さんは、老舗呉服店の娘らしく白地に朝顔柄の浴衣に朱色の帯を締めていた。彼女は、教え子が作った灯籠を探していたのだ。

子どものころから学校が好きだったという。誰よりも早く登校して、出勤した先生が校門を開けるのを待っているような小学生だった。いつしか教師になるのが目標になった。

何度か麻衣さんに話を聞くなかで、印象に残る話があった。

「怖いんです」と彼女は零した。「この春、女川の小学校から異動になったのですが、新しい環境に慣れるのに必死で忙しく働いていると、あのときの気持ちが薄れていくように思う瞬間があるんです。それが、怖いんです」

前任校は、女川の中心部にある女川第二小学校。二〇一〇年度の全校生徒数は、二百十七人。高台にあったおかげで児童はみんな無事だった。けれども、約九割の子どもが家を失った。石巻市立女子高校で中・長距離の選手だった麻衣さんは日本体育大学女子短大に進んだ。臨時採用の教師としてはじめて教壇に立ったのが女川第二小学校だ。特別支援学級を担任した麻衣さんは、男児ふたりと、四年生から六年生までの三年間をともに学んだ。

卒業式は、三月十八日に行なわれる予定だった。二月末ころから、麻衣さんは三十七人の卒業生ひとりひとりにわたす手紙の準備をはじめた。毎日の仕事を終えて帰宅した後、机に向かった。一晩に二人から三人。書きはじめると、伝えたいことが次々と溢れてきた。全員へ手紙を書き終えたのは、三月十日のことだった。

三月十一日の六時間目は、卒業式の練習の反省会。麻衣さんは、ふたりのがんばりを褒めたり、上手くできなかった部分を話したりしていた。授業は、十五時まで。麻衣さんが、そろそろ帰りの準備をさせようかな、と思った瞬間。教室が少しずつ揺れはじめた。ただ、三日前にも地震があった。「机の下に入りなさい」と冷静に指示したが……。揺れは、どんどん激しくなる。テレビが落ちて、ロッカーの荷物が飛び出した。校舎が軋んだ。地響きも聞こえた。避難を指示する校内放送が流れたが、他の音にかき消されて何も聞こえない。

このまま学校ごとつぶれてしまうんじゃないか。麻衣さんはとっさにふたりに覆い被さった。ひとりが、恐怖のあまり悲鳴をあげた。パニックを起こしたのだ。麻衣さんはふたりの身体を強く抱きしめた。

「大丈夫だから。大丈夫だから……」と何度も繰り返した。そのたびに子どもたちから「大丈夫じゃない。大丈夫じゃない……」と返ってくる。

はじめて体験する大地震。揺れのなか「ここで死んじゃうのか。遺書を書かなきゃ」と家族の顔がちらついた。でも、腕のなかには、ふたりの教え子がいる。「そんなこと、考えている場合じゃない」と我に返る。さらに力をこめてふたりを抱いた。怖くないわけがなかった。子どもだけでなく自分自身を鼓舞するように麻衣さんは、「大丈夫だから」と繰り返し続けた。

揺れが収まるのを見計らい、ふたりを連れて外に出た。グラウンドは地割れを起こしていた。

余震がくるたび、校舎がゆがんだ。

雨が降ってきた。子どもたちが濡れないようテントを張る準備をしているさなか、大津波がくるという情報が入った。誰かがいった。

「もしかしたらここまでくるんじゃないか」「ここも危ない」……。

小学校は丘の中腹。子どもたちを連れて、さらに上の総合体育館に逃げた。

いままで聞いた経験がない轟音が響く。「バリバリバリ……」という建物が裂ける音に、何かが衝突したような「ドーン、ドーン」という両耳を貫くような音が重なる。

一瞬、麻衣さんは振り返った。ものすごい勢いで白い波が家々を引き千切り、海に持っていこうとしていた。子どもたちも、足を止めている。自分たちが暮らす家が、町が、いままさに〝壊滅〟する瞬間を怯えた顔で見ている。一緒に避難する保育所の幼児を両脇に抱え、小学生の手を引きながら、麻衣さんは、大声で叫んだ。

「見てないで、早く逃げて！」

雨は、雪に変わった。安全な高台で全校生徒の人数を確かめた。緊張と恐怖からか、嘔吐したり、腹痛を訴えたりする子どもが大勢いた。

建物の安全を確認して体育館に入れたのは、十八時を過ぎたころ。外は暗い。近隣の住民たちが、どんどん避難してきた。親が迎えにくると、子どもたちは安心して声を上げで泣きじゃくった。麻衣さんが受け持つふたりのうち、B君の家は無事だった。母親がすぐに迎えにきて帰宅していった。しかし、A君の祖母はいつまで待っても現れなかった。家庭の事情で両親と離れて暮らしているA君兄弟にとって、「ばっぱ（おばあちゃん）」は親代わりだった。

その夜、一枚の毛布に七、八人の子どもが一緒にくるまって、眠った。

なかには、何日間も、親と会えない児童もいた。事情が分からない低学年の子どもが不安を零した。

「先生、いつ、おうちに帰れるんですか――」

不安を覚えているのは子どもだけではなかった。こんな噂がまことしやかに流れていた。自衛隊の基地も津波にやられて出動できないらしい。町が壊滅する瞬間を目にしただけに真実味があった。でも、と麻衣さんはいう。

「『親がこない生徒とはできるだけ一緒にいてあげよう』と、校長先生がいったんです。自分の家族の心配をしながらも、先生方はみんな目の前の子どもを第一に考えていました。この一年間、先生方のチームワークがとてもよかったんです。校長先生や教頭先生の判断を聞いて、みんなで力を合わせればなんとかなるだろうと素直に思えた。いま、振り返ってみると、あのメンバーだから、乗り越えることができたんだなって感じているんです」

翌朝。麻衣さんは同僚たちとともに薪を探しに出た。学校の倉庫には、運動会で使った手作りの入場門やプラカードが置いてある。それを薪にしようとリヤカーに積んでいると、書店の主人がやってきた。特別支援学級を受け持つ麻衣さんは、社会生活を身につけるための買物学習などで、地域の人たちと接する機会が取りわけ多い。子どもたちの前では決して涙を見せなかったが、いつもお世話になっている彼の顔を見た途端、ホッとして涙が溢れた。

三月十二日か、十三日だったか。麻衣さんの記憶が曖昧になっている。

麻衣さんは、持病を持つ児童のため薬を取りに女川町立病院に向かった。

破壊された町に立った。同行した教育委員会の男性職員が「電線に引っかからないように気をつけて」と何度も念を押した。

道はなかった。瓦礫の山をよじ登るようにして進んだ。

歩いていると、いくつもの思いが去来した。あの商店のおじさんはどうしたかな。駅員さんは大丈夫かな。ここには何が建ってたんだっけ。あの家で飼われていた犬は……。

墓地には、石巻線の車両が打ち上げられていた。

女川に赴任して一年目。麻衣さんは石巻から女川まで電車で通勤していた。女川駅の階段には、一九六〇年のチリ地震津波が押し寄せた高さに青いペンキでマークされていた。港から女川駅までは約三百メートル。マークは麻衣さんの頭上を少し越えるくらい。二メートルに満たなかった。

津波といっても、そんなものだろう。漠然とではあるが、どこかでそう感じていた。

だから、風景が信じられなかった。重なったのは、子どものころに読んだ『はだしのゲン』に描かれた原爆投下後の広島の焼け跡のシーンだ。

〈みんななくなってしもうた…　なにもかも…きえてしもうた…〉

焼け野原に立ちすくむ主人公の少年、中岡元のセリフを思い出した。

町立病院には、避難者名簿が貼り出されていた。

A君のばっぱの名前を探した。が、見つからなかった。

連絡が取れない父兄の安否確認を進めながら、順番に教職員は帰宅した。麻衣さんは家族と連絡がつかなかった。

「絶対、みんな逃げていると信じようとしていました。でも、家族のことを考えると不安になるから、ずっと目の前の仕事に集中していたんです」

石巻に戻ったのは、三月十五日。途中、石巻赤十字病院に寄った。父の正昭さんが定期的に人工透析を受けている病院である。生きていれば必ず透析を受けにきているはず、と考えたのだ。

パソコンには、正昭さんが震災後、通院した記録がないという。ショックを受ける麻衣さんに正昭さんと顔見知りの看護師が「お父さん、大丈夫だから安心して」と声をかけてくれた。

家族との再会を喜び合うのも束の間。慌ただしく着替えなどを準備して、麻衣さんは、すぐに女川に引き返した。

とにかく子どもたちと、町の人たちと一緒に――。それ以外の考えはなかった。

頭のなかにあったのは、校長先生や教頭先生の話だった。

「子どもたちの日常生活を取り戻そう。毎日、学校にきて家に帰るのが子どもたちの日常。いまは避難所で暮らしているとしても、学校で友だちや先生たちと過ごす時間を大切にしよう……」

女川第二小学校では、被災後三日目から青空教室を開いた。

子どもたちは、避難先から毎朝登校して図書館や校庭で、ゲームや合唱をしたり、昔話を聞いたり、小学校や総合体育館に避難している人たちへ励ましのメッセージを書いたりした。

「好きではじめた仕事ですから、苦労なんて、全然、ありませんでした」と麻衣さんはいう。「でも、親御さんたちは、子どもがいるのに家を失って、避難所での生活を送っているわけです。なかには身内の方を亡くした方もいる。大変な状況なのに私たちに気を遣って、『先生たちも少しは家に帰った方がいいよ』『ムリしないでね』って、声をかけてくれるんです。それが辛かった」

そして、何よりも――。麻衣さんは続ける。

「いまの小学校への異動が決まっていたんです。こんな大変な状況で学校を離れなくちゃならないのが、本当に辛くて、悲しかった」

三月十八日の予定だった卒業式が行なわれたのは、三月二十三日。体育館は避難所になって使えない。コミュニティルームと呼ばれる小さな一室が会場となった。

二週間かけて書いた三十七通の手紙は、浸水した家の一階にぷかぷかと浮いていた。教え子たちの旅立ちを見送るための準備はすべてダメになってしまったけれど、麻衣さんたちは、小さなコミュニティルームを心をこめて飾り付けた。

卒業式に出席した子どもたちの服装はまちまちだった。真新しい詰め襟の制服を着た子もいれば、私服姿やジャージー姿の子もいる。家ごと仕立てたばかりの制服が流されてしまったのだ。

三十七人の卒業生は、ひとりひとり将来の夢を語った。

被災経験は、麻衣さんが受け持つふたりにも大きな影響を与えたようだった。

Ｂ君は、出席した人たちの前でこう語った。

「パン屋さんになってみんなに美味しいパンを食べてもらいたい」

被災後の食料不足。その体験がＢ君に新たな夢を抱かせたようだった。

以前から「消防士になりたい」と語っていたＡ君もその思いを強くしていた。

「大きくなったら消防士になって女川町とみんなのことを守ります！」と力強く宣言した。

本来なら卒業式にいるはずのＡ君のばっぱの姿はなかった。

「先生、もっと厳しくしてください。それがＡのためなんだから」

麻衣さんの指導が甘いと感じたのか、麻衣さんはＡ君の祖母に叱られた経験があった。厳しさのなかにも温かみがあるＡ君の祖母に麻衣さんは惹かれていった。

都市部に比べたら女川では、地域と学校、住民と教師の関わりはずっと濃密だ。Ａ君を受け持った三年間の歳月は、その繋がりをさらに深くした。

「煮物作ったんだ。先生、帰りにうちに寄ってきなね」

連絡があって電話をかけると、Ａ君の祖母は決まってそんなふうに声をかけてくれた。

〝ばっぱ〟

いつしかＡ君に倣って、麻衣さんもＡ君の祖母をそう呼ぶようになっていた。

Ａ君が描いたポスターが、女川町のコンクールで特選を受賞したときのこと。麻衣さんは、Ａ君兄弟と、ばっぱと一緒に表彰式に出席した。

「Aは、いつも絵ばっかり描いていて……」

いつもそんな小言をいって笑うばっぱが、表彰されるA君の姿を誇らしそうに見守ってい
た。受賞したポスターをバックに記念写真を撮影した。いつもは厳しく気丈なばっぱが、本当に
嬉しそうに笑っていた。

卒業式が迫ったある日。

「もうすぐ卒業ですね」と話しかけた麻衣さんにばっぱは、いった。

「先生、Aが卒業しても、いつでも遊びにきていいんだからね」

麻衣さんも気持ちは一緒だった。教師と保護者としてではなく、ひとりの人間として付き合っ
ていきたい。心からそう思っていた。

けれども、それが最後の会話となった。

麻衣さんの裡には、ひとつの、大きな後悔が残っている。

なんで地震直後に電話をしなかったのか。

二〇一〇年のチリ地震津波。麻衣さんはばっぱに電話をかけた。

「津波警報が出ているから小学校に避難してください。車で迎えにいきますよ」

「大丈夫だよ。絶対にここまでは波がこないから」

ばっぱに切迫した様子はなかった。

確かに一年前は何ごともなかった。だから、今回もきっと――。

新学期がはじまっても、ばっぱは行方不明のままだった。

A君兄弟は石巻の親類が引き取ることに決まった。麻衣さんは新たな学校に移った。

「Aは、おばあちゃんが亡くなったって、絶対に口にしません。『ばっぱが帰ってくるまで待っている』っていって、おばあちゃんの絵を描いてるんです」

かけがえのない人の突然の死。簡単に受け入れることができないのだ。それは麻衣さんも同じだった。「新しい環境に慣れるのに必死で、あのときの気持ちが、薄れていくように思う瞬間がある」としても、決して忘れることはない。

どこかの病院に運ばれているのではないか。連絡できないような状況にいるのではないか。夜、布団のなかでそんな考えが頭を占めると眠れなくなる。

そして、思うのだ。あのとき電話をしていれば、と。

現実的に考えれば、そんな余裕はなかっただろう。けれども、もしも電話をかけていたら、違う〝いま〟があったかもしれない。そんな思いがどうしても拭えない。

四月、東日本大震災の行方不明者は三ヵ月が過ぎると死亡が認定されると決まった。遺族が、遺族年金や労災保険の遺族給付をすぐに受け取れるよう、通常の一年から前倒しされたのだ。

六月十一日。

麻衣さんは、ばっぱとA君兄弟が暮らしていた家に向かった。行方不明者は、三ヵ月を境に死者に変わる。そういわれても、完全に割り切れるわけはない。もしかして、と思う瞬間はいまもある。でも、麻衣さんはいう。

「遺体と対面できたら気持ちは違うんでしょうけど、自分のなかで心の整理をつけなければいけないのかもしれないと思いました」

花が、家の跡地に供えられていた。

麻衣さんは、はじめてばっぱに手を合わせた。

復興なんて誰がいった

オレンジや赤や黄や青の灯籠が、旧北上川の黒い水面をいくつも流れていく。

友人と食事に行くという林さんや麻衣さんと別れた。ぼくは、ひとり旧北上川の土手から流灯を眺めていた。

「死んだ人の数だけ灯籠が流れていくみたいだね」

川面を見つめる誰かが呟いた。

ぼくの脇には、小学二、三年生ほどの女の子を連れた若い母親と女の子の祖母が並んで、色とりどりの灯籠が流れる川面を見ている。若い母親がすすり泣く声がわずかに届く。

「パパ、どこにいるの。早く帰ってきてね、早く見つかってねって、灯籠にお願いしなきゃね」

祖母に肩を抱かれて優しく語りかけられた女の子は、小さな手を無心に合わせる。

鎮魂。死者の魂を慰めるという意味だ。でも、残された遺族の気持ちが、鎮まる日はいつくるのか。どれほどの歳月が必要なのか。これから母親も女の子も父の死を背負って歩き続ける。

ばっぱを亡くしたA君だってそうだ。

頻繁に耳にする「希望」や「復興」はどこにあるのか。ぼくは、まだ見つけられないでいる。

この二ヵ月ほど、女川や石巻で聞いた、いくつもの言葉を思い返す。

「『復興』、ぼくは嘘だと思っているんです」

「『復興』という安い言葉のせいで東北は忘れられてしまうんじゃないか」

「放っておけば、いずれ町がなくなってしまうよ」

「どこでどんなふうに復興がはじまっているのか、私には分からないんです」

「『がんばろう』って簡単にいうけど、こんな状況でがんばるのは大変だよ」……。

メディアがしつこく繰り返している「希望」「復興」「がんばろう、日本」も、安全な場所にいる人たちが、自分たちの不安を和らげるために使っているだけなのではないか。

「復興」なんて、いったい誰がいったんだ。

わき上がるのは、追悼の気持ちよりも、憤りだった。


「またきてたのか。こんなに石巻にくるなんて、想像してなかったべ」

カウンターに立つ厳《いか》つい顔のマスターはいった。

二十時四十分。「立町通り商店街」のバー「魂」に入った。

店内のテレビでは、オーストラリア、ニュージーランド、南アフリカのラグビークラブのリーグ戦「スーパー14」を放映している。

マスターの松本俊明さんも、大学ラグビー部時代の先輩である。石巻工業高校出身。高校時代から二学年上の松本さんの存在は知っていた。東北では名の知れた選手だった。大学時代は、副将を務めた。卒業後もラグビーを続けるのだと思っていたが、いつの間にか、ふるさとに戻り、バーを開いていた。

会計を済ませて店を出て行く、若い夫婦と入れ違うようにカウンターに腰掛けた。ぼくは、石巻や女川を訪ねるたび、「魂」で酒を呑んだ。

生ビールを一口呑むと、松本さんに旧北上川の土手で手を合わせる母娘の話をした。

ぼくは、憤っていたのだ。そして、憤りを吐き出したかった。

「そういう人だらけなんだ。いま、この町は――」と松本さんもビールに口をつけた。「さっき店を出た夫婦も子どもを亡くしているらしいんだ。直接、本人から聞いたわけじゃないけど、そういう話は耳に入ってくるから。どんだけ辛いか、想像できない。けど、ああやって、普通に酒を呑んで帰っていく。家を流された人も基礎しか残っていない敷地の写メを見せながら、『全部、なぐなった。ハハハ』なんて笑いながら呑んでるよ」

そんな客や被災した人々を間近に見ているからだろうか。

「オレは、被災していないから」と松本さんは話す。

松本さんは、妻とふたりで石巻市蛇田地区に建つアパートの三階に暮らしている。押し寄せた水は、一階部分を洗っていった。浸水は免れたが、室内は足の踏み場もなかった。家具が倒れ、物が散乱した。自宅アパートは、一部損壊。届け出れば、罹災証明書を受け取れるが、申請するつもりはないという。

「一度でも国や行政の世話になっちゃうと、悪口がいえなくなりそうで」と松本さんは笑った。

「家族を亡くした。家を失った。そんな人を大勢、知っている。オレは、伝手《つて》を辿ってすぐに仕事が見つかった。店も再開できた。そう思うと、オレは被災者じゃねえなって感じたんだ」

松本さんは、しばらく近所の実家に避難していた。同じ蛇田地区でも、まったく浸水していない場所もあったのだ。

「魂」の様子を見に向かったのは津波から数日後。「立町通り商店街」に人の気配はまったくなかった。道路にはヘドロが溜まり、乗り捨てられた自動車がいたるところに放置されていた。

廃墟になってしまった――。津波被害だけを見て、そう感じたのではなかった。

建ち並ぶ商店のショーウィンドーはことごとく割れていた。地震と津波だけが原因でないのはすぐに分かった。洋服屋や時計屋の店内が荒らされ、在庫が持ち去られていたのだ。

店に盗みが入っているという噂は本当だったか、と松本さんは思った。

後日、松本さんは、無断でスーパーに入って食料を確保したという知人の話を聞いた。

「オレの友だちは、食う物も水もなくて、どうしようもなくって、スーパーに入った。仕方がないと思う。オレは、家が大丈夫だった。たまたま飲み物も食い物もあった。でも、もしも家を流されて、何もかも失って、子どもが腹を空かせて泣いていたら……。オレだって、やったと思う。もちろん金や時計を盗むのは許されないけど、それとこれとは、まったく違う話だと思うんだ」

「魂」の店内もひどかった。酒瓶とグラスは全滅。冷蔵庫やテーブルなど立っている物はすべてひっくり返っていた。

廃墟になった町で店を開いても、誰もこないだろう。それにこれだけ多くの人が命を落として、家を失っている。呑み屋を開くのが、不謹慎な気もした。

時間だけが過ぎていった。営業再開を前向きに考えることはできなかった。とはいえ、働かなくては食べていけない。

〝仕事〟をはじめたのは、三月二十三日からだ。その前日、久しぶりに「魂」の常連客や親しい友人が集まり、近況を報告し合った。そのなかに工務店を営む客がいた。

ひっきりなしに家の修復工事の依頼がくるという。松本さんは、冗談半分で「バイトできないかな」と頼んでみた。人手が足りなかったのか、松本さんはすぐに働くことになった。

松本さんが携わった現場は、すべてが家の補修だった。いや、補修というよりも応急措置といった方が正確かもしれない。たとえば、屋根瓦が落ちた家を修繕する。しかし、物資不足のうえ、流通も滞っている。瓦がない。専門の瓦職人も出払っている。当初、できたのは壊れた部分に雨漏りを防ぐためのシートを被せるくらいだった。

印象に残る現場がある。

東松島市東名。浸水した家をなおして住みたいという依頼だった。しかし、と松本さんは思った。これから、ここに住む人なんているのだろうか、と。

家の損傷だけの問題だけではなかった。

違和感を覚えた。そこは、音がまったくなかったのだ。何かしらの音が聞こえてもよさそうだと思ったが、虫の音や自動車のエンジン音もない。音がない寂寞《せきばく》とした風景。海までの距離は三百メートルから四百メートル。道路一本挟んだ海側にも住宅地があったはずだが、何もなかった。人っ子ひとりいない。周囲の家もずいぶん傷んでいたが、他の家をなおしている気配はなかった。

町は無人のまま打ち捨てられていた。

そんな現場を経験しているうち、本業に戻りたいという気持ちがわいてきた。

「やることをやんなきゃな、と思った」と松本さんはいう。「雇ってもらってとてもありがたかったけど、大工の技術がないオレの代わりは、大勢いるんだよ。でも、この店は、オレにしかできない。大工さんは大工さんの仕事があるように、呑み屋には呑み屋の仕事があるんじゃないかって。店を再開して町を盛り上げていこうとか、そんな格好いい話ではないんだけど。こんなときだからこそ、自分の仕事をやりたいと思ったんだ」

「魂」を再開したのは、四月二十九日。しばらくは昼の大工仕事と掛け持ちして、カウンターに立った。

「みんな呑む場所を探していた。くる人、くる人に『ありがとう』といわれたから。いままでそんな経験なかったから。当たり前だけど、呑み屋は、開いてないと呑み屋じゃねえんだな」

松本さんが「魂」をオープンして十年が経つ。常連客も大勢ついた。仕事を終え、一杯呑んでマスターと世間話して帰宅する。

「魂」の営業再開が取り戻したのは、常連客のそんな小さな日常だった。

被災地を訪ねるたび、「魂」に寄った。あるとき、くだを巻いている酔客がいた。

震災後、人の酔い方も変わっているのだろうか。なんとなく聞くと、松本さんは笑って応えた。

「それはないな。グダグダと愚痴る人は、震災前からグダグダくだを巻いているし、ニコニコ呑んでいる人は前からそう。震災で身内をなくして、家を失って、平気じゃないのかもしれないけど、みんな笑って呑んでいるよ。たぶん、仕方ないと半分諦めているんじゃないかな。自然災害だから、誰かに八つ当たりするわけにもいかないし、親戚も近所も友だちも、みんな同じ境遇。辛さを共有しているといえばいいか、自分だけじゃないと感じているというか」

営業再開後、「魂」はいつも盛況だった。

県外から復興関係の仕事できている人も多かった。ときにはメディアかボランティアか外国人の姿も見かけた。カウンターを関西弁や英語が飛び交う。

震災前の「魂」では考えもしなかった光景だ。

〈復興景気〉である。

「そんなに長くは続かないと思う。確かにいろんな人がきてはいるけど、商店街も震災前と比べて極端に人通りが増えてはいない。もともと景気は悪かったわけだから」

毎年、松本さんは「川開き祭り」では露店を出している。けれども、今回は出すのをやめた。

「特別なイベントだから。出したいという気持ちはあったんだけど。まさか『川開き』ができるとは思わなかった。やるという話になってからも、本当にできるのか。どの程度の規模でやるのか、分からなかった。正直、赤字は出したくなかったから。今年は動かないことにしたんだ」

だらだらと酒を呑んで話していると、最後には決まってラグビー部時代の思い出話になる。そのころには、さっきまで抱いていた憤りはずいぶん薄れている。

記憶を共有し、気心の知れた人の存在のありがたさが身に沁みた。

八月一日月曜日／一四四日目

旧北上川の川岸に火の消えた灯籠が流れ着いている。

土手の遊歩道に人の姿はなかったが、まだ「鎮魂の祭り」は、続いていた。

十一時二十五分。平日なのにも関わらず「立町通り商店街」は前日より、露店の数も、人の数も桁違いに増えていた。

「林屋呉服店」の前では〈復興支援Tシャツ〉や氷水で冷やした缶ジュースを売っていた。

「今日は、いつもの年よりも、人が多いんじゃないかな。やっぱり祭りは、賑やかでいいね」と浴衣姿の林さん兄妹も楽しげだ。

パントマイムを披露するピエロやスティルと呼ばれる竹馬に乗った三メートルはあろうかという大道芸人のパフォーマンスに子どもたちが群がる。

道の両脇には、綿アメ、タコ焼き、焼き鳥、生ビール、お面、焼きそば、金魚すくいなどの定番の露店が連なる。

瓦礫の破片だろうか。〈復興〉〈希望〉〈絆〉……。そんな単語を極彩色のマジックで手書きした石のような物まで、売り物として並べる出店もあった。

これから商店街を中学生の吹奏楽団やディズニーランドのキャラクター、ボランティアの御輿《みこし》などがパレードするという。

昨晩とは、空気ががらりと変わっている。

「たくさんの人がきて、盛り上がっているみたいだけど、複雑な気持ちなの。いつもは、店の前を飾り付けして『川開き』を楽しみにしてたんだけど……」

青山澄江さんはガラス扉の先を行き来する人たちに目をやった。

「立町通り商店街」の一角。青山澄江さんが、夫の幸一さんとともに経営する「シティプラザ青山」は、カーテンや敷物などを扱う店だ。百年以上の歴史を持ち、古くは船の帆布などを扱っていた。

青山さんと知り合ったのは、四月二日のことだった。放射線防護服のような白い作業つなぎを着て、幸一さんとヘドロにまみれた店内を片付けていた。カーテン布のロールを抱えたふたりを亀山が撮影した。

石巻にくるたび、写真をわたそうと立ち寄っていた。けれども、いつも留守だった。どこかで避難生活を送っているのかもしれない。そう思いつつこの日も訪ねてみたのだった。

店内は、がらんとしている。薄暗い。入り口のすぐ脇に古びた大型のミシンが置いてある。壁には、たたんだ段ボールが大量に立てかけられていた。壁紙を剥がしたのか、壁板だけが妙に白かった。商品が並んでいたであろう奥のスペースには何もなかった。

かつての店の風景を思い描いてみる。

暖色のカーテンや温かそうな絨毯が展示された「シティプラザ青山」に足を運ぶのは商品を求める人だけではなかったはずだ。青山さん夫妻と世間話をしたくて店に顔を出す人も多かったのではないか。人情味ある青山さんの人柄がそんな想像をさせた。

しかし、いま。ガラス扉一枚隔てただけなのに外の熱気や喧噪と切り離されていた。倉庫のような雰囲気に変わった店内には、冷え冷えとした湿った空気が漂っている。

青山さんは零した。

「迷っているの――」

仙台市太白区に新たな店舗を借りる準備をしているという。

商店街は、震災前からシャッターを下ろした店が目立つ「シャッター通り」でもあった。営業を再開したとしても、通りに人が戻ってくるのか。不安は残る。

それでも、「立町通り商店街」で踏ん張ると語る店主たちは多い。青山さんにとっては、ともに「商店街」を支え、この町で生きてきた仲間たちだ。

町に残るか。新たな場所に移るか。青山さんは揺れていた。

「もちろん私たちも『ここで』という思いはある。いえ、ここでやらなくちゃという気持ちの方が強いんですよ。でも、この建物も古くなっているし、この状況を見ると取り壊してしまった方がいいのかもしれない。どうすればいいのか……」

四月。店を片付けていた青山さんは、前向きだった。

「戦争もチリ地震津波も宮城県沖地震も全部体験したけど、こんなにひどいのははじめて。でも、誰も悪くない。津波は誰のせいでもないんだから、戦争よりもまし。みんなで力を合わせてがんばるしかないんです」

前向きにがんばって生きたい。そう思う日もあれば、目前に立ちはだかる問題に打ちひしがれる瞬間もある。

いくつもの思いがない交ぜになっているのだ。

再び青山さんは、外に目をやった。さっきよりも人通りはずいぶん増えている。

「テレビでは今日のお祭りとか、元気な一部分を大きく取り上げるでしょう。『被災した人たちは、みんながんばっています』って。でも、それだけじゃない。みんなまだ、苦しんでいるの」

ふたりの幼児の手を引いた若い母親がパレードを見るための場所を探していた。青山さんは、表に出ると母娘に声をかけた。

「ここに座って見てくださいな。ミッキーさん、早くくるといいね」

花壇を退《ど》かして、三人が座れるスペースを作ると、段ボールを敷いた。

「お嬢ちゃん、どこからきたの。きてくれて本当にありがとうね」

結婚を機に青山さんが「立町通り商店街」で暮らしはじめたのは、一九七二年。

きてくれてありがとう――。

商店街とともに生きてきた三十九年の歳月に培われた言葉が、これからの選択の難しさと厳しさを想像させた。「元気な一部分」の裏側で、青山さんのように複雑な気持ちを抱えながら戸惑っている人が大勢いるのだ。

大学時代の先輩、及川龍次さんの思いは、もっとストレートに響いた。

「メディアが切り取る部分だけ見てると、みんな笑って、前向きに進もうとしているように感じるかもしれない。でもな、オイは、心のなかではみんな泣いてんだって思うぞ」

七月十五日のことだ。ぼくが追波川の河畔でキャンプをしていると、及川さんが遊びにきてくれた。十九時三十分。及川さんと日和山に登った。

標高五六メートルのこの公園からは、石巻の町だけではなく、太平洋の水平線まで見晴らせた。春は花見の人々で賑わって、夜は夜景を楽しむデートスポットになっていたらしい。けれども、いまは誰もいない。

赤い満月の光で周囲は明るかった。手すりにはしなびた菊の花束が供えられたままになっている。展望台から見えるのは、津波のあとの火災で、焼け落ちた南浜地区や門脇地区だ。眼下は、広い闇に覆われている。陸と海岸線の境も水平線も、闇に溶けている。町は、光源を奪われていた。思い出したように自動車のライトが糸を引くように通り過ぎる。

被災三日目。及川さんは、ここで、瓦礫の海に響く生存者に呼びかける声を聞いたのだ。

何か聞こえないか。耳を澄ませた。自動車のエンジン音くらいは届くのではないか。しかし、眼下の闇は無言のままだ。耳朶《じだ》に届くのは、足下で鳴くカジカガエルやスズムシの声だけだった。

及川さんの運転で石巻を走った。蛇田地区や大街道地区に入ると、信号も街灯も点灯している。「びっくりドンキー」「マクドナルド」「ビッグボーイ」「COCO'S」……。国道沿いに並ぶファミリーレストランは営業を再開している。ショーウィンドーの先に食事を楽しむ家族連れやカップルの姿が見える。

「だいぶ普通に戻ったんですね」と口にしたぼくに対して、及川さんは諭すように語った。

「確かに普通に見えるかもしれない。でも、誰もまだ吹っ切れていないんだ。みんなテレビがいうようにがんばっているし、前向きに生きたいと考えている。それは本当のことだし、暗い話ばっかりじゃイヤになるから、そこを大きく取り上げる。その気持ちは分かる。でもな、それは、町のひとつの側面でしかないんだ。店が営業をはじめて、夜も電気がついて町が明るくなって、瓦礫が片付いても……。まだまだ、普通になったとはいえないと思うんだ」

すぐに闇のなかの南浜地区と門脇地区を思い出した。風景を取り戻した「一部分」「ひとつの側面」だけを見て、「普通」と語ったのは、乱暴すぎたと思いなおした。及川さんは続ける。

「石巻っていっても、みんなそれぞれだ。オイみたいに何も被害がなかった人もいれば、知り合いみたいに小学生の子どもをふたり亡くした人もいる。ファミレスが営業して復興したな、と感じる人もいるかもしれないけど、そうじゃない人もいると思う。みんながどんな気持ちでいるのか、オイには、なんともいえねえな……」

ずいぶん瓦礫も片付き、営業を再開した店も増え、町が落ち着きを取り戻したと感じる瞬間は確かにあった。

祭りで盛り上がる町の姿は、日常を取り戻す大切な一歩といえるだろう。

けれども、それは、青山さんや及川さんが語ったように、あくまでも「一部分」であり、「町のひとつの側面」にしか過ぎない。

青山さんから電話をもらったのは、お盆を過ぎたころだった。

「先日、太白区に新しい店をオープンさせました。そして、石巻のお店もいままで通り続けていくことにしたんです。あのときの辛かった気持ちを忘れないようにって、新しい店のオフィスにいただいた写真を飾っているんですよ」

青山さんの声は、明るい。

白い作業服を着て数週間前まで商品だった布を抱えた夫婦の笑顔を思い出す。

震災から五ヵ月が過ぎている。

様々な思いに揺られながら青山さんは、震災後のこれからを手探りで歩んでいた。

青山幸一さん、澄江さん
4月2日　石巻市

クジラの町へ

九月十一日日曜日／被災六ヵ月目

牡鹿半島の南側の海岸線を走る県道二号線に乗り、捕鯨基地、鮎川に向かっていた。被災後はじめて鮎川に足を運んだ四月四日と同じルートだ。

途中の給分浜を歩いてみた。瓦礫の片付けはずいぶん進んでいるようだ。太ももくらいの丈まで青々とした雑草が、残された冷蔵庫や家の残骸らしき柱にからみつくように茂っている。

その風景が、いつか見たジャングルに放置されて草木に浸食されていく太平洋戦争中の戦車や零戦の写真と重なった。被災地で流れた半年という時間を感じさせた。

六ヵ月前、鮎川港を母港とする捕鯨船「第二十八大勝丸」は、石巻の中心部に近い整備場で被災。二十キロも離れたここ給分浜に漂着した。

もちろん「第二十八大勝丸」は、すでに海に戻っている。

いまは北海道釧路沖でクジラを追いかけているはずだ。

〈被災船が釧路港にミンククジラ初水揚げ…北海道〉

昨日、読売新聞のホームページでそんな見出しを見つけた。記事はこう続く。

〈北海道釧路沖で秋の沿岸調査捕鯨が始まり、東日本大震災の津波で損傷、補修された宮城県石巻市の捕鯨船「第8幸栄丸」（約32トン）が10日、釧路港にミンククジラ（体長4・7メートル）を初水揚げした。

船を所有する石巻市の捕鯨会社「鮎川捕鯨」の遠藤恵一社長（54）は「震災で出港は難しいと思った時もあった。自分たちの船で初水揚げできてうれしい」と喜びを語った。

秋の沿岸調査捕鯨は、地域捕鯨推進協会（福岡市）が実施。今回は10月28日まで、第8幸栄丸など大震災の被災船2隻を含む4隻が釧路港を中心とした半径80キロ以内の太平洋で行い、60頭が捕獲上限。大震災発生で、宮城県・石巻沖で行なわれる春の沿岸調査捕鯨も、今年は釧路沖で実施されており、同社員ら石巻市の捕鯨関係者が参加して、計17頭を捕獲している〉

この〈被災船2隻〉のうち、一隻が「第二十八大勝丸」である。

鮎川。瓦礫は片付いているが、町は〝壊滅〟したままだ。生活の気配はない。人がいることはいる。揃いのベストを着たボランティアたちだ。路肩には、大型バスが停まっている。半年が過ぎたが、いまも県内外からボランティアが足を運んでいる。

記憶を頼りに坂道を上る。けれども、目的の家になかなか辿り着けずにいた。

名和さんのお宅はどちらでしょうか、と道を聞いた中年のおじさんは「ナワ、ナワ……」と何度か呟くものの、思い当たらないようだった。

そんなはずはないと思った。人口千五百人ほどの小さな町。しかも、このあたりだという確信があった。そこで説明を加える。

「調査捕鯨船の船員で――」といい終わらないうち、おじさんは「あっ」と合点がいった声を出して、「名和さんって、隼太か。隼太の家はな……」と道順を教えてくれた。何よりも「調査捕鯨船員」で「隼太」浜では、名字よりも屋号や名前の方が通りがよかった。

が直結するのが、いかにも捕鯨の町、鮎川らしい。

名和隼太さんは二三歳の調査捕鯨船員だ。二〇〇八年の北西太平洋のクジラの捕獲調査では、クジラを探して捕獲する標本採集船「勇新丸」でお世話になった。

四月、重機を操り瓦礫を片付けていた名和さんは、町が破壊された現状を目の前にしながらも、こう語ったものだった。

「(四月下旬に行なわれる北海道沖での調査に)ぼくは行くつもりなんです。津波がきて、町がこうなってしまった。もしも、ここで捕鯨を手放したら――鮎川には何もなくなってしまう。ぼくが捕鯨に携わるのが、町のためでもあるのかなって思うんです」

六月上旬からの北西太平洋でのクジラの捕獲調査にも参加するつもりだったのだが、父親が体調を崩したために鮎川に残ったという。

彼の思いは変わってないだろうか。もう一度、話を聞いてみたかった。

「古くさい考え方だと思われるかもしれませんが、鮎川はクジラにこだわるべきだと思うんです。いまから養殖をはじめたとしても、他の浜と変わらない。だって鮎川では、百年以上、捕鯨を続けてきたんですよ。記憶も技術も継いでいかなければならない。そこを活かしていかないと町がもっと寂れていくんじゃないかという気がするんです」

それに、と名和さんは続けた。

「震災後、鮎川への愛着は強くなりました。いま、瓦礫はほとんどなくなりましたよね。震災の翌日からみんなで片付けたんです。ぼくも、小型の重機に乗って手伝いました。自分の町を自分たちの手で片付ける。徐々にだけど、町がきれいになって、町の再生が進んでいくのが実感できる。だから愛着が湧いたんだと思います」

ぼくは、昔から鮎川が好きだと語る彼の故郷観を知りたかった。

名和さんは、子どものころから捕鯨を生業にしようと決めていたと語る。

金華山沖でツチクジラを捕るのは、夏。父親が捕鯨関係の仕事をしていたのもあって名和さんは小学生になると鮎川港で行なわれるクジラの解剖を見物に行くようになった。クジラの町の子どもとはいえ、そんな小学生は名和さんだけだった。

少年時代から釣りをしたり、素潜りをしたりしてふるさとの海に親しんだ。

二〇一〇年に牡鹿中学校に統合された旧鮎川中学校を卒業。石巻の宮城水産高校に進んだ。南氷洋へ向かう調査母船「日新丸」や標本採集船「勇新丸」は、調査が終わると日本各地の港町で公開される。誰でも船内を見学できる。

「勇新丸」は、正式には標本採集船だが、いまも商業捕鯨時代の名残で船員たちの間では「キャッチャーボート」あるいは「キャッチャー」と呼ばれる。

中学、高校時代、名和さんは「日新丸」や「勇新丸」が石巻港にくるたびに見学に行った。地元の「第二十八大勝丸」は沿岸捕鯨用の船である。クジラを探し、追いかけて仕留める同じキャッチャーでも、流氷や氷山が浮かぶ南氷洋の過酷な海を旅する「勇新丸」は迫力が違った。大きさも五倍はあった。

いつか、こんな船に乗れたらな……。名和少年が憧れを抱くのは自然の流れだった。

一九九八年に造られた「勇新丸」は、それ以前の捕鯨船とは形が違う。ブリッジの真上に高さ一八メートルのトップマストが伸びているのが特徴的だ。

「ぼくは、あの型が好きなんですよ。みんな（他の捕鯨船員）は、（商業捕鯨時代に活躍した）『利丸』や『京丸』の方が格好いいというんですけど、ぼくにとっては最新鋭の『勇新丸』は子どものころからの憧れだったんです」

迷いはなかった。高校卒業後、「勇新丸」を運航する共同船舶に入社する。「勇新丸」の船上で名和さんと出会ったのは、二〇〇八年七月。名和さんは二年目の新人甲板員だった。

キャッチャーに乗りこむ二十人には、それぞれ役割が与えられている。

高さ一八メートルのトップマストから海原に目をこらし、クジラを探す名和さんら甲板員。十名近い甲板員をまとめ、クジラ発見後は追尾の指示を出す甲板長。船のメンテナンスやエンジンを担当する機関部員。二十人の男たちの胃袋を満たす司厨《しちゅう》部員。星や太陽の位置、レーダーなどを駆使し、船の位置を把握しながら運航の責任を負う航海士。通信業務を一手に引き受け、ときには音波を利用してクジラを探し出すソナーを扱う通信士。それぞれの技術を持つ二十名の乗組員をまとめ上げるキャプテン。

そして、捕鯨の花形である砲手。捕鯨砲を撃ち、クジラを仕留める砲手を船員たちは、敬意をこめて〝てっぽうさん〟と呼ぶ。

「勇新丸」の〝てっぽうさん〟は、長崎県出身の槙公二さんだった。当時、三六歳。彼がキャッチャーボートの仕事を端的に表現してくれた。

「十メートルを超す野生動物を捕るんです。クジラを探す人、操船する人、食事を作る人……。それぞれ専門の役割がある。最後に引き金を引くのは砲手ですが、みんながいるから、クジラを捕獲して調査できる。どこかが欠けてもこの仕事は成り立たないんです」

名和さんら甲板員に話を聞くとみな「オレたちがクジラを見つけなければ仕事がはじまらない」と口を揃える。それぞれが役割にプライドを持っていた。

クジラを見つける。そうはいっても楽な作業ではない。一日中、海原を見つめても一頭も発見できない日もある。好天ばかりとは限らない。南氷洋では、氷点下はざら。半年にも及ぶ航海で一頭も見つけられない甲板員もいる。

それでも彼らは「メガネ」と呼ばれる取っ手が付いた双眼鏡をのぞきこみ、何時間もクジラを探し求める。名和さんは仕事のやりがいをこう語る。

「見つけると、心臓がドキッとするんです。それが忘れられない。クセになるんです」

名和さんの〝初漁〟は、二〇〇八年の北西太平洋の調査。やはり商業捕鯨の名残で、調査捕鯨の現場でも新人がはじめて発見したクジラを捕獲するのを〝初漁〟と呼ぶ。

「いまも覚えています。十三メートルのイワシ（クジラ）でした。本当に嬉しくって興奮しました。その夜、食堂で初漁祝いを開いてもらいました。槙さんにも『よく見つけたな』といってもらえた。この仕事をずっと続けていきたいと思いました」

三年前に語っていた将来は〝てっぽうさん〟という目標はいまも変わっていない。

「クジラを追うときの緊張はなんともいえません。何十トンもの野生動物が相手の仕事。ロープ一本切れたら命に関わる。そんな緊張感が漂う現場ですから、捕獲できた瞬間の達成感は他の仕事では味わえないんじゃないかと思うんです」

子どものころから家庭でも学校でも、そして地域でも、ことあるごとに捕鯨が話題になった。実際の調査捕鯨の現場で働きはじめると、商業捕鯨時代に南氷洋を航海した地元のおじさんたちに声をかけられるようになった。

「なに捕ってんのや」「最近、いんのか」「次は何ヵ月行ってくんのや」……。訳すとこうなる。どんなクジラを捕っているんだ。クジラは増えているのか。次の南氷洋の航海はどのくらいの期間なんだ……。クジラの町の男たちの間では、主語や目的語がなくても会話が成立するのだ。

商業捕鯨がもっとも盛んだった一九六〇年代、鮎川と隣の十八成浜と合わせて二百人以上の男が南氷洋を目指した。けれども、いま、鮎川から調査捕鯨船に乗っているのは、名和さんを含めて三人しかいない。

先にも述べたが、一九六〇年、約四千人が暮らしていた鮎川だが、半世紀の歳月が流れたいま、人口は約千五百人にまで減った。

多くの若者が高校卒業を機にふるさとを離れる。

二十人いた名和さんの同級生で鮎川に残ったのは、約十人。地元で暮らしたくても仕事がないのだ。鮎川で働くのなら介護や看護の仕事に就くか、女川原発関連の会社に就職するしかないのが実情だ。漁業関連の仕事を敬遠する若者も多い。同級生のなかで海の仕事をしているのは名和さんだけだという。

働き口がない。それは鮎川に限らない。他の浜も、ぼくの実家がある山形県の内陸部でも同じだ。結局、若者はふるさとを離れて、都市に出るしかない。

そんな鮎川に、名和さんが家を建てたのは二年前のことだ。人は減っている。買物しようにも店がない。

「石巻あたりに建てた方がいいんじゃないの」という母に対して名和さんはこう返した。

「絶対にここに建てる。鮎川の海が好きだからここがいい」

いま、その家に名和さんは両親とともに暮らしている。すぐ下まで水が迫ったが、浸水は免れた。けれども、壁には亀裂が入っていた。

居間に置かれたテレビでは、「NHKのど自慢」が流れていた。被災した岩手県久慈市からの公開生放送。被災した人たちが歌を披露している。被災半年の特別番組らしい。

「最初は、鮎川はどうなんだべな、とは思いました。でも、家が残ったから住むことはできる。そんなことを考えていましたね」と名和さんはいう。

三月十一日。例年ならば、南氷洋から日本への帰航途中のはずだった。

南氷洋での調査捕鯨は十二月から三月までの間に行なわれる。けれども、名和さんは、二〇一〇年十二月に出港する調査船への乗船を見合わせた。

高校を卒業して五年。五月から九月は北西太平洋へ、十二月から翌三月までは南氷洋へ、と休みなく働いてきた。その休暇の意味合いが強かったが、年々激しさを増す反捕鯨団体の抗議運動の様子を見たいという気持ちもあった。

毎年冬。調査捕鯨船に体当たりを繰り返す反捕鯨団体のボートに対して、調査船員が放水で対抗する映像が報道される。抗議の矢面に立たされているのが、名和さんたちだ。

「もしも、事故が起きて海に放り出されてしまったら命に関わりますから。調査捕鯨について聞かれたら、いつもこう応えているんです。妨害さえなければ、いい仕事ですって」

いつもは南氷洋にいる名和さんが、震災時、鮎川にいたのは偶然だった。

東北が揺れた瞬間、鮎川港の岸壁で釣りをしていた。しばらくすると海面が下がりはじめた。町内放送では六メートルの大津波がくると警告を出していた。間違いなく津波はくる。そう確信した名和さんは、すぐに家に戻り、港を望める丘の中腹に登った。

降りしきる雪のなか、逃げてきた人たちとともに名和さんは、大好きな鮎川が波にのみこまれる様を見続けていた。

どんな気持ちで見守っていたのか――。

ぼくは、名和さんに案内してもらって、丘の中腹に行ってみた。残骸になってしまった鮎川が、木々が広げた緑の梢のすき間から垣間見えた。

「この辺の木が全部枯れていたから町が一望できたんですよ」

名和さんは、晩夏のふるさとを見下ろした。

気象庁によれば、鮎川を襲った津波は八・五メートル以上。

波が家々を陸の奥深くに押し流していた。重機が建物を破壊するときに出るような「バリバリバリ」という轟音が町のあちこちから響く。

「あぁ、あの人の家が流された。あの人の家もダメだ……」

誰かが呟いた。

「大丈夫だから、生きていればなんとかなるから……。命があればなんとかなるから……」

おじさんが、泣き崩れるおばさんを支えながら声をかける。

名和さんは、醒めた頭で、壊滅していく町を見つめていた。

鮎川、終わったな……。

過ぎったのは、絶望でも悲しみでもなかった。淡々とした感慨だけだった。

翌日から瓦礫の撤去がはじまった。電気も水もガスもない生活が続いた。

そんな状況で幼なじみが語った言葉が名和さんは忘れられない。

「こうなってしまっても、鮎川は、鮎川だ」

「んだどな（そうだよな）」と名和さんは応じた。「何があっても、鮎川は、鮎川だ」

名和さんと別れて港に降りた。

十四時四十六分。追悼のサイレンが鳴った。

町を歩いてみた。一ヵ月前までは建っていた家が完全に撤去されていた。

商業捕鯨時代、捕鯨船のキャプテンを務めた伊藤仭さんの家である。

伊藤さんの家は内部を波が突き抜け、外枠だけで辛うじて建っていた。壁には、張り紙。

〈家屋等を敷地内のがれきと一緒に撤去してください〉

その家でミンククジラの刺身をご馳走になりながら、伊藤さんに捕鯨についての話を聞いたのは、二〇〇六年のことだ。

日本水産の捕鯨船「興南丸」の模型を手に熱心に捕鯨の作業を説明してくれたのが忘れられない。サイズは、実物の捕鯨船の五十分の一。伊藤さんが一《いち》から手作りしたものだ。

鮎川で生まれ、捕鯨会社で働く父のもとで育った伊藤さんは、捕鯨一筋に生きてきた。

生粋の「キャッチャー乗り」である伊藤さんは、甲板員、見習い砲手とキャリアを積んで、三五歳でキャプテンとなった。

「一番大切なのは人間関係――和ですよ」

伊藤さんはそう語っていた。毎日毎日、二十数人もの男たちが力を合わせてクジラを追い、同じ釜の飯を食べて、同じ風呂に入るのである。

ぼくが調査捕鯨船団で過ごしたのは、最長九十日間。南氷洋捕鯨に比べれば、短期だったが、それでも乗組員たちの「和」は実感できた。

初漁祝い。乗組員の誕生会。そして、ぼくのような部外者の歓迎会……。キャッチャーボートの食堂では、何かにつけて和気藹々《あいあい》とした宴会が催された。七〇歳を過ぎてから酒を断ったという伊藤さんだが、航海中は一日の終わりには、必ず大酒を呑んだと振り返る。

戦中から捕鯨に携わってきた山形県出身の老クジラ捕りに話を聞いた経験があった。四十数年間、クジラを追ってきた彼の目から見ても、クジラの町で生まれた仲間たちは、捕鯨という生業に溢れんばかりの情熱と誇りを持っていたと語っていた。

「太地や室戸、五島列島、鮎川の連中は、クジラを捕るために生まれてきたようなヤツらだった。クジラを見ると、目つきが変わるんだ」

和歌山県太地、高知県室戸、長崎県五島列島、そして、鮎川。すべて古くからの捕鯨基地だ。伊藤さんはいう。

「それはそうですよ。町も、私たちも、クジラと一緒に育ってきたんですから」

クジラ肉は子どものころからのご馳走だった。伊藤さんたち鮎川の人たちは、様々なクジラを食べてきた。いま、ぼくらが普段口にすることができるのは、主にミンククジラやイワシクジラだが、それだけがクジラ肉ではない。

「ミンクに比べると、肉が荒っぽいという人もいるけど、マッコウ（クジラ）は刺身が旨い。薄く切って天日干しにして粕漬けや味噌漬けにしてもいい。ツチ（クジラ）も柔らかくて旨いけど、マッコウに慣れると物足りない気がするんです」

クジラ肉といっても種類や食べ方は多様だ。そんな話を聞くたび、思うのだ。

捕鯨の町の人々には、記憶にも、血肉にも、クジラが息づいている、と。


伊藤さんは、娘の宍戸鈴子さんとともに仮設住宅に寄寓していた。訪ねたのは一ヵ月前だ。「仮設鮎川小学校団地」。鮎川小学校の校庭に建てられた仮設住宅の正式名称である。伊藤さんが入居したのは、六月五日だった。

仮設住宅には、捕鯨船の木製の模型が飾られていた。「興南丸」。流されずに残っていたのだという。

「ここに入ってようやく落ち着きました。小さな町だけど、知らない人もいるわけだから気を遣いました。七十人くらいが避難した多目的ホールにいたんですが、『年寄りだから』とみんながなんでもやってくれる。手伝えることやできる作業をやらせてもらいたかったんだけど、気を遣わせてしまうんだね。そうなると、逆にこちらも気を遣ってしまう。避難所での暮らしでずいぶん痩せてしまったんです」

伊藤さんは、細くなったウェストに合わせて調整したベルトの穴を見せてくれた。仮設住宅に入ってからは少しずつ体重が戻ってきているという。デイサービスセンター・清優館で避難生活を送っていたころに比べると、顔色もよく、ずいぶんふっくらとしていた。

「日常が、日常じゃなくなった」と伊藤さんはいった。

伊藤さんは、宮城県の捕鯨関係者が集う会合の役員などを務めながら、〈自適な生活〉を送ってきた。

ウニ漁やアワビ漁が解禁になると、小型の船を出して自分が食べる分だけ獲ったり、アイナメやカレイ、メバルなどを釣ったりした。

「津波がなければ、いまもウニをカギ（漁）で獲っていたはずですよ」

四年前に妻が脳梗塞を患って、清優館の隣に建つ牡鹿病院に入院した。

それでも、伊藤さんが、いままで通りの日常を続けることができたのは、娘の鈴子さんが仙台に暮らす家族と離れて、看護のために鮎川に戻ってきてくれたからだ。

鮎川での日常がずっと続くと信じていた。

だから、被災するまでは、思いもよらなかったのだ。

まさか、生まれ育った鮎川から離れることになるかもしれないとは——。

「船を下りてから三十数年、なんの心配もなく暮らしてきたわけだけど、この津波で生活が狂ってしまったね。考えを変えなくちゃならない。いままでの津波とは別物だったんです」

一九三三年の昭和三陸津波では、鮎川にも波が達した。伊藤さんは当時一〇歳。海岸の近くに建っていた生家は床下浸水だった。畳の上まで水は上がってこなかった。

やはり被災した人たちが引き合いに出す一九六〇年のチリ地震津波。

陸に津波が到達したとき、伊藤さんは三陸沖でクジラを追っていた。

津波の無線が入ったのは、捕獲したイワシクジラを水揚げしようと釜石港に向かっている途中。潮位が全体的に大きく上がったが、二十キロほど沖に出ていた伊藤さんたちにはそれほどの津波とは感じなかった。港に戻ると、三メートルの波はすでに到達した後だった。釜石では流失した家屋はあったが、死者はなかった。

「チリ地震津波は、それほど大ごとだと感じなかった。地球の裏側からやってきたわけだからね。だから、今回も津波警報が鳴って大津波だって聞いても、正直、大したことはないだろうと高をくくっていたんです」

長い揺れが落ち着いた直後。警報が鳴った。六メートルの津波がくるという。

母を見舞いに行った娘の鈴子さんは十四時五十一分発のバスで帰ってくる。高台に建つ介護施設から港までは自動車で十分ほど。伊藤さんは、バスが港にやってくるタイミングと津波の襲来がぶつかったら、と危惧を抱いた。

伊藤さんは、すぐに自動車に飛び乗り、妻が入所している介護施設に走った。鈴子さんと会った伊藤さんは、鮎川港が一望できる高台に行ってみた。第二波の引き潮は、音を立てながらものすごいスピードで、家も自動車も木々も船も、何もかも沖に引きずりこんでいった。いままで経験した津波とは規模がまったく違った。

伊藤さんは、海のエネルギーに驚き、目を見張った。

一方、鈴子さんは鮎川が海にのみこまれていく風景に既視感を覚えていた。

どこかで見た、と。

既視感の正体は、いつか見たテレビ番組だ。コンピューターグラフィックで津波に襲われる鮎川の様子を解説していた。大津波は、「想定外」ではなかったのだ。その番組では、実際よりも被害は広範囲にわたっていた。鈴子さんはいう。

「お父さん（伊藤さん）から、鮎川は西向きの港だから太平洋沖から津波がきたとしても、波は（牡鹿半島の東の海に浮かぶ）金華山にぶつかるから勢いがそがれる、とずっと聞かされていたし、知り合いもみんな『この辺は大丈夫』なんて暢気にいっていたんです。だから、テレビを見ても『まさか』という気持ちが強かったんです」

その日から三ヵ月にも及ぶ、避難所での生活がはじまった。

いま、伊藤さんは、時間とともに変わっていく人の気持ちを感じている。

「『生きていた』『助かった』……。はじめは、それだけで泣きながら抱き合って、喜んでいられたんです。でも、時間が経つと人間は贅沢になってくる。避難所が狭いとか、疲れるとか。そんな話が徐々に出てくる。流された物を惜しく思う気持ちもわいてくる。最初は、みんな生きてただけでよかったはずなのに、心がどんどん丸裸になってしまう」

そう。震災とそれにともなう原発事故は、多くの人の心を「丸裸」にした。それは家族や家、故郷すらも失って、避難所や仮設住宅で生活を送る人だけではなかった。東京で被災地から届く映像を見ていた人たちも躁状態になっていたり、逆に落ちこんだりしていた人も多かった。

ぼくだってそうだ。被災地を歩いた当初、剥き出しになった感情を覆い隠すことができなかった。苛立ちを抑えきれず、些細なことに憤りを覚えたり、涙を流したりした。

それでも、時間は過ぎる。

初夏。「復興」を謳っていたメディアが「節電」を呼びかけはじめた。

「がんばろう、日本」の合い言葉のもと「節電」が国民の義務であるような雰囲気に違和感を覚えつつ、ぼくは落ち着きを取り戻す街で暮らしていた。日常が戻ったかのようだった。

しかし、被災地に足を運ぶたびに思い知るのだ。

被災という現実は、いままさに進行していて、奪われてしまった日常を取り戻すことはできないのだ、と。

「近いうちに決断しなければならないんだろうね」と伊藤さんはいった。

これから鮎川はどうなっていくのか。そんな話題が出たときだった。

「余命幾ばくもないんだからさ」と伊藤さんは笑った。「死ぬ前に町の復活を見たいんです。鮎川だけを考えれば、時間はかからないと思う。港が小さいから嵩上げの手間もかからないだろうし、防潮堤もすぐに造れる。割と早く捕鯨は再開できるはず」

鮎川で捕鯨の再開を見届ける。

伊藤さんなら、当然、そう考えていると思っていた。

実は、と伊藤さんは語った。

「揺らいでいるんですよ。鮎川に残りたいという気持ちはもちろん強いんですが、家族と離れてここで暮らす娘の負担を考えると……。鮎川の高台の土地に小さな家を建てるか、仙台のマンションに移るか。まだはっきりしていないんです」

矍鑠《かくしゃく》としている伊藤さんだが、八八歳。心配する家族の気持ちはよく分かる。一方で、震災前まで船を駆って小さな漁をしていた伊藤さんが、仙台という都市で新たな日常を築く苦労を想像する。

鈴子さんが話を継ぐ。

「もともと不便な町でしたけど、これからもっとひどくなるでしょう。買物にしたって、いままでも石巻まで行っていたんです。お父さんが健康で石巻まで車で行けるうちはいいんでしょうけど……」

いま、鮎川からもっとも近い店は、自動車で十五分ほどの場所にあるコンビニだ。隣の十八成浜の先の小渕浜。伊藤さんの仮設住宅を訪ねる前、お茶でも買おうと立ち寄った。新しい雑誌が並んでいたので手に取ってページをめくっていると店長と思しき年配の男性が掃除をはじめた。雑誌を棚に戻そうとするぼくに彼はいった。

「気にせずに読んでください。本を読める場所なんて、もうここしかないんだから、ゆっくりしていってください」

立ち読みを咎《とが》められた経験は何度もあるが、「ゆっくり立ち読みしていってください」と勧められたのははじめてだった。

コンビニでの体験が、過疎地域が抱える問題を露わにした。

もともと店が少なかった地域だった。雑誌を読むのも、日用雑貨を買うのにも自動車が必要だった。津波はわずかな店を破壊していった。残った店も人が減ってしまえば、つぶれてしまうだろう。自動車が運転できない人たちはさらに不便な生活を強いられる。そして、人は土地を離れる。

共同体の消滅――。ひょっとしたら百年後、数十年後に直面したかもしれない問題が、津波により前倒しになった。

浜を離れる。あるいは、残る。

伊藤さんと名和さんに話を聞き、鮎川への愛着を知ったいま、その選択の厳しさを思う。

伊藤さんはこう語っていた。

「戦争中の空襲で、仙台も東京も横浜もやられたでしょう。焼け野原を前にしても、若いころは不安も何もなかったんです。また元に戻る。クジラを捕っていれば生きていける。そんな考えしかなかった。がむしゃらだったんですね。でも、年をとると、いろいろ経験してくるからね……」

若き日の伊藤さんの姿が、いまの名和さんとだぶった。


名和さんを乗せた調査船団が南氷洋に旅立ったのは、二〇一一年十二月八日のことだ。

伊藤さんが現役だった商業捕鯨時代は、楽団の演奏をＢＧＭに家族や関係者が旗を振り、盛大に見送ったという。

けれども、いまは、反捕鯨団体に追跡されないよう出航の日時は直前まで伏せられる。震災の影響で、調査捕鯨の継続が議論されるなかでの船出だった。

名和隼太さん
4月5日　石巻市

これから

十二月十一日日曜日／被災九ヵ月目

ふたりは、〈あの頃が嘘のように平凡な毎日〉を本当に取り戻したのだろうか——。

十一月はじめに届いた一通の葉書を読んで、改めて思った。

〈仙台市荒浜に新築したのは昨年7月でした。自然が多く、自宅の前にも大きな公園があり、この地で子育てするのをとても楽しみにしていた矢先の出来事でした。津波により自宅は流失、大好きだった町並みも一瞬で消え去りました。当初は現実を受け入れられず、先のことなど考える余裕も全くない状態でしたが、皆様からの温かい励ましに日々支えられ、おかげ様で自宅を流失した悲しみの涙より、感謝の涙の方が多くありがたい気持ちでいっぱいです。

幸い私たち家族は、一番尊い「命」を失うことなく皆元気です。生きている事に感謝し、津波で命を失った方々の無念さを忘れることなく、未来に向かって明るく生き抜こうと思っています〉

印刷された文面とふたりの幼い男の子を抱く若い夫婦の写真のあとに、丁寧な直筆で、追伸が綴られていた。

〈「仙台学」を送っていただきありがとうございました。あの頃が嘘のように平凡な毎日を送っています。仙台にお越しの際は是非連絡下さい〉

仙台市若林区荒浜。ぼくと亀山が、流された自宅を探し当てた三九歳の武藤隆博さん、みやさん夫妻と会ったのは、四月三日のことだった。

水が引いた後。あるはずの場所に七ヵ月前に建てたばかりの新居はなかった。ふたりは跡形もなく破壊されてしまったのだと思った。

ふたりが家と再会できたのは、津波が襲ってから二十四日後。宅地から一キロも離れた瓦礫の海のなかに家の二階部分だけが浮いていた。

「おうちとお別れです」

アルバムが見つかって喜ぶみやさんが、泣き笑いの表情でそういった。亀山が千切れた新居を背にしたふたりを撮影した。その写真は、『仙台学 vol. 11』に掲載された。

葉書をいただいたお礼の電話をかけた。道路や駐車場などにガードレールやフェンスを取り付ける作業を請け負う会社に勤務する隆博さんは、復旧関連の仕事が立てこんで毎日休みなく働いているが、震災後九ヵ月目にあたるこの日は自宅にいるという。

武藤さん家族は、仙台市若林区上飯田の3LDKのアパートに暮らしていた。

茶の間の隅には、クリスマスツリーが飾られていた。あの日、見つけた二階部分から運び出した物のひとつだ。みやさんはいう。

「家が見つかるまで、ホントに落胆していました。何もかもなくなってしまったって。目を閉じると家の間取りが浮かんでくるんです。でも、二階が見つかってアルバムが出てきてからは、吹っ切れました。なくした物は少しずつ揃えていけばいい。なくしたら絶対に帰ってこない家族が無事だったんですから。私はなんて運がいいんだろうって思えたんです」

夫婦の傍らでは、五歳の優真くんと二歳の将也くんが『仮面ライダーアマゾン』のＤＶＤを見ている。ふたりとも腕白盛り。一時もじっとしていない。

「子どもたちのためにもう一軒家を建てて見せますよ」

破壊された新居を前に隆博さんが笑っていたのを思い出す。

隆博さんは、持ち家に対して、強い思い入れがあった。

「独立して家を持ちたいとずっと考えていたんです。家は、若いころからぼくにとって特別なものでした。やっと築いた安息の場所だったんですが……」

現在のアパートは「見なし仮設」。自治体が賃料を負担してくれるのは二年間だ。隆博さんの「安息の場所」にはなりえない。

「いずれ出ていかなければならないんです。やっぱりもう一度、家を建てたいですね」

武藤さんは仙台の北隣の富谷町出身。富谷は仙台のベッドタウンとして発展した町だ。武藤さんは長男ではあったが、独立心が強かった。十代のころから、実家ではなくて自分で建てた家で暮らしたいと考えていた。堅実な職業に就き、実家を継ぐ。そんな親の希望通りに進んでいくのに抵抗感を覚えていた。

専門学校時代からアルバイトをしていたコンビニチェーンに就職。七年間働き、店長を務めた。その後、広告代理店、自動車メンテナンスチェーンなどの仕事を経験して、現在の会社に就職する。十年間の交際を経て、岩手県奥州市出身で障害者福祉施設に勤務するみやさんと結婚したのは、六年前のことだ。みやさんはいう。

「結婚当初から『いつか家を建てようね』と話していました。子どもたちを育てて、成長してからも帰ってくることができる家――ふるさとって呼べる場所を作ってあげたかったんです」

釣りが趣味の隆博さんは海のそばに住んでみたかった。いくつか条件に合う土地を探した。候補に挙がった土地の前には大きな公園があった。

「お〜い。ご飯だぞ」

夕暮れどきの公園に響く両親の声を聞いて、家に駆け戻ってくる子どもたちの姿――。想像は広がった。

何よりも大きな決め手になったのが、数年後、子どもたちが通うことになる荒浜小学校である。少人数の学校でアットホームな雰囲気が魅力だったとみやさんは語る。

一応、念のために、と津波について住宅会社の担当者に隆博さんは尋ねてみた。担当者は「数百年前に一度きていますけど」と津波について説明した。ふたりは安心した。数百年前なら、大丈夫だろう、と。

念願の新居で暮らしはじめたのは、二〇一〇年七月。若い住民が多い新興住宅地である。新たな家族を迎え入れる素地ができていた。イベントがあると町内会長が声をかけてくれた。秋には、町内の人たちが集って芋煮会が開かれた。長男の優真くんは、公園に新しく作られる遊具が完成するのを楽しみに待っていた。

思い描いていた生活がはじまり、七ヵ月が過ぎた。

ありえたはずの未来は、津波によって奪われた。

あの日、仕事が休みだったみやさんは、保育園を休んだ優真くんとともに自宅にいた。大きな揺れのあと、次男の将也くんを預けた「保育ママ」のもとに駆けつけた。

津波警報が鳴っていた。けれども、津波に対して危機感はなかったという。

「なんで逃げなきゃいけないのという感覚でした。何が何だか分からないまま、避難所になった沖野東小学校の四階まで走ったんです」

みやさんからのメールを受けた隆博さんは、自動車ですぐに仙台市青葉区の会社オフィスから沖野東小学校に向かった。普段は、三、四十分の距離だが、浸水による通行止めや渋滞に阻まれて思うように進めない。到着したのは、二十二時過ぎ。地震から七時間以上が過ぎていた。

翌日は知人の家に身を寄せて、三日目に隆博さんの実家に戻った。隆博さんが、仕事を再開したのは十日後。

営業を行ない、経費の見積もりを出して、作業員を手配し、工事現場の監督をする……。一連の工程管理が、隆博さんの役割である。

沿岸沿いを走る道路は、ことごとくガードレールやフェンスも倒れ、ねじ切れ、流失している。当初は、沿岸部に行こうにもガソリンがなかった。連絡が取れない作業員や職人もいた。現場がとなった道路のほとんどが完全に瓦礫に埋まっていた。本来の仕事に取りかかる前に、瓦礫を撤去しなければならなかった。

「普通はやらない作業も『やったことがない』『オレたちの仕事じゃない』なんていっていられる状況ではなかった。ただ、がむしゃらに前に進むしかなかった。何も考える余裕はありませんでした」

隆博さんは続ける。

「仕事をやっていないと自分自身も精神的にやられてしまうんじゃないか。はじめはそんな不安がありました。妻は、家を失ってかなり落胆していた。職人さんたちも大変ななか協力してくれる。『オレがやるしかない』。そう考えていました。ひとつの現場が終わっていないうちから、次々と新しい仕事が入ってくる。それが未だに続いているんです」

毎朝六時に家を出る。そして、仙台市内だけではなく、石巻や女川、南三陸など、被害が大きい現場に足を運ぶ。帰宅して眠るのが深夜二時ころ。睡眠は、一日わずか三、四時間。九ヵ月間。そんな毎日が続いている。

犠牲者の遺体の一部が見つかった作業現場もあった。武藤さんは口にしないが、精神的にも肉体的にも厳しい状況には違いない。

家族との時間をもっと持ちたいと思う。できれば、日曜日には休みを取りたいが、仕事の関係者からの電話がひっきりなしに鳴る。仮に休んだとしても、落ち着かない。どうしても工事の進行が気になる。先日は、子どもたちをドライブに行こうと誘って、現場の様子を見てきたという。

「仕事にやりがいは感じていますよ。道路の復旧作業は結果が目に見えますから。でも、この状況が三年、いや五年は続くでしょうね。正直みんな疲れているんです」

被災したふるさとの復旧を手がける高揚感と、仕事仲間の期待に応えようという責任感が隆博さんを支えているように思える。

オレがやるしかない――。隆博さんはそう語った。想起したのは、鮎川で瓦礫の撤去を手伝った名和隼太さんだ。

「自分の町を自分たちの手で片付ける。徐々にだけど、町がきれいになって、町の再生が進んでいくのが実感できる。だから愛着が湧いたんだと思います」

彼らは、非日常でしか意識できない血がわき立つような使命感を背負いながら、復旧作業に携わっているようにも感じる。

みやさんは率直に語ってくれた。

「はじめは羨ましいと思っていました。建設業は復興に直接関われますから。人の役に立っている実感を持てるのは、『いいな。羨ましいな』と。でも、彼（隆博さん）だけではなくて、みんな寝る間もないんです。これからの生活について、お互い相談する時間もないほどなんです」

そして、みやさんは茶目っ気たっぷりの口調で笑った。

「『街がせっかく復興したのに家庭が壊れないようにしようね』って話しているんです」

葉書に記したようにいま〈あの頃が嘘のように平凡な毎日〉は訪れたのだろうか。

「どうでしょう……」とみやさんは応えた。「こうして子どもたちを叱ったりしながら、生活していると、あのころがウソみたいだなとは思います。三月十一日からのあの数ヵ月は、本当に現実だったのかなって思う瞬間は確かにあるんです」

被災直後、家族全員が無事だっただけで嬉しかった。そして、いま仮の住まいに落ち着き、一見すると〈平凡な日常〉を取り戻したように思える。けれども、とみやさんはいう。

「いまの方が苦しいかもしれません。これからどうやって生きていくんだろう、とふと考えると……。家を建てた時点である程度は将来が見通せた気がしていましたから。ここで子どもを育てて、ここで年をとっていって……と。それが全部なくなってしまった。ローンは、子どもの学校は……。この子たちに迷惑をかけてしまうんじゃないか。それが一番、心配です」

時間の経過とともに現実味を帯びて、次々と立ちはだかる新たな問題――。

住宅ローンがあと三十年近く残っている。津波保険から支払われる金額では間に合わない。荒浜は「災害危険区域」に指定されて建設も制限される。土地の値段は下がる。行政が土地を買い上げてくれるという噂も流れているが、あくまでも噂の域を出ない。海に消えた新居と「災害危険地区」になった土地にお金を払い続けなければならない。

まだ先は見えない。

「あと四ヵ月で一年ですよね。景色を見れば確かに片付いているように見えるかもしれません。ぼく自身も、復興が進んできたなっていう感覚はありますが、しばらくしたら世の中は、何もなかったような雰囲気になる気がします。被災地は忘れられる。でも、被災した人たちの苦しみや不安はこれから何十年もかけてじわじわ続いていくんだと思うんです」

「なあ、これからだよな」という隆博さんに、みやさんが相づちを打った。

「うん。これから。私はこれから、自分の闘いがはじまるんだという気がしています。いままで現実味がなかったんですけど、いまは、これからだ、という気持ちなんです」


夏。みやさんは、子どもを連れてかつて家が建っていた場所を頻繁に訪れていた。瓦礫が撤去されて何もなくなってしまった更地に立って再認識するのだ。

本当になくなってしまったんだな、と。

「でも、ここからだ、と思えるんです。現実を受け入れなくちゃって——」

十六時四十分。武藤さん一家の家が建っていた荒浜を歩いてみた。

すべてが、鉛色に見えた。

曇天も、コンクリートの土台も、土台を覆う枯れ草も、津波が運んできた小さな粒の砂も、かつての住宅街は鉛色に染まっている。

あれから九ヵ月。被災半年の月忌法要で四十人ほどの住民に語った女川町尾浦の保福寺の住職、八巻英成さんの話を思い出す。

「震災から半年。テレビではしつこいくらい節目、節目と繰り返しますが我々にとってはその日その日が節目ともいえる。逆に節目という境界線があるわけでもない。被災したあとも、我々の日常は続いているのです。残念ながら自死を選んでしまう方が増えていると聞きますが、生き残った人たちには生き残った意味があると私は思う。道半ばで亡くなってしまった人の思いを受けて我々は、生き抜かなければならないのです」

被災した人たちだけが、「我々」ではない。九ヵ月間、被災地を駆けずりまわったいま、それだけはいえる。

遮る物は何もない。遠くに乱立する仙台の高層ビル群がはっきりと見える。

十二月初旬の風は、皮膚に突き刺さるように冷たい。

東北の冬は、これから、だ。

武藤隆博さん、みやさん
4月3日　仙台市

エピローグ　いくつもの東北

大きな心残りがある。いや、その心残りがひとつのきっかけとなり、ぼくは東北へ帰り続けているのかもしれない。

宮城県沿岸部の人口百人ほどのC浜。はじめて訪れたのは、三月下旬だった。

家の跡を覆う瓦礫のなかから使えそうな物を探しているおばあさんと知り会った。仮に名を「吉田さん」としておく。

七十代後半の吉田さんは、夫が亡くなった十二年前からひとり暮らし。海から二十メートルほど離れた家も自動車も、流されていた。水産加工場で働く人が多いC浜では、約半数が六五歳以上の高齢者だという。

吉田さんは二十人ほどのC浜の人たちとともに小学校の武道場に避難していた。

一・五畳ほどがひとりに与えられたスペースだった。うずたかく積まれた段ボール箱やカーテンなどで個人のスペースを作る避難所もあったが、ここは仕切りがなかった。武道場に被災地に足を運ぶたび顔を出した。

「小さな浜だし、みんな家族みたいなもんだから、仕切りなんてなくてもいいんだよ。なんとか浜の人たちと一緒に仮設住宅に入りたいんだけど」

そう説明する吉田さんにC浜の人を何人も紹介してもらって、浜や水産加工の仕事について教えてもらった。

七月中旬。そのころには、何人かと顔見知りになっていた。訪ねていくと、吉田さんが出かけていても、お茶やお菓子をいただきながら、誰かと世間話をした。

「私たちのこと、忘れないでまたきてくれたんだね。ありがとう」

あまり取材者がこないのか、遊びに行っただけで礼をいわれたこともあった。定年まで建設会社に勤務していた六十代半ばの新藤さんに靴下に穴が空いているのが見つかり、新品の靴下をもらった。支援物資だったらしいが、断りきれなかった。

C浜の人たちに受け入れてもらえた気がしていた。

その日も新藤さんと話していた。寝床の端にハエ叩きと黄色く濁った水が入った五百ミリペットボトルがある。叩き殺したハエを捨てるペットボトルだという。

「やることといったらハエを叩くくらい。きりがないよ。あとは、夜、酒を呑むのが避難所での唯一の楽しみなんだ」

枕元には、日本酒や焼酎、ウィスキーなど様々な種類の酒の空き瓶が並んでいた。

夜。酒盛りがはじまった。八人ほどのC浜の人と車座になって、紙コップに注いでもらった日本酒を呑んだ。男たちが酒を呑む間、女たちがつまみを準備した。缶詰やイカの塩辛、枝豆、吉田さん手製のタクアン漬けなどが、使い捨てのトレーに盛られて車座の中心に置かれた。枝豆の殻入れは新聞チラシを折って作ったゴミ箱だった。

話題は、もっぱら仮設住宅について。

「あんたも、山形だから分かるっちゃね」

聞いているぼくにそういって、きつい方言で話が進んでいく。浜単位でまとまって入居できるか。入居できそうな仮設住宅はどのあたりか。時期はいつになりそうか。

居酒屋を営んでいたおばさんが、ぼくにつまみを勧めながら愚痴を零した。

「被災から二、三週間後かしら。東京からきたっていう若い女性記者の取材を受けたの。私は『昔みたいに浜に戻って暮らしたいです』といったら、『それはムリでしょうね』ですって。ホント、頭にきた。しかもきれいなマニキュアを塗ってボイスレコーダーを突き付けてきて。こっちはまだ着の身着のままだったから、なんか恥ずかしくなっちゃって」

山形県出身であるぼくを同じ文化圏の人間として扱ってくれるのも、愚痴をいってくれるのも、距離が縮んだように思えて嬉しかった。

仮設住宅入居の見通しは、七月下旬から八月上旬あたり。

ぼくは、吉田さんの引っ越しを手伝わせてもらおうと思っていた。

「ボランティアにお願いするからいいのよ」

彼女は断ったが、半ば強引に約束を取り付けた。

家、自動車、仏壇、すべての衣類と家財道具……。吉田さんは、津波によって多くの物を失った。彼女に密着すれば、高齢化した浜のこれからが浮き彫りになるのではないか。そんな考えがぼくにはあった。

そして、引っ越しの日が決まった。

八時二十分。これから避難所に向かう旨を伝えようと思って吉田さんの携帯電話を鳴らした。しかし、出ない。取りあえず、と避難所へ自動車は走らせた。しばらくすると、着信があった。

「実は……」と吉田さんは話しにくそうだった。「うちの浜にあなたをよく思っていない人がいるの。私は仲良くなれて嬉しかったんだけど……。あなたと話したことない人も大勢いるから」

どういうことか。すぐにのみこめなかった。

数日前に訪ねた状況を思い返してみる。いつもと何も変わらなかったはずだ。良好な関係を築けていたはずなのだ。少なくともぼくは、そう思っていた。その関係が続いていくことにわずかな疑いも抱かなかった。けれども――。吉田さんは続けた。

「仮設住宅に移るのも、大変なんだ。しばらくそっとしておいてほしいんだ」

なんとかならないか。考えを巡らせたが、名案は浮かばなかった。どうしようもなかった。

「落ち着いたらまたお伺いします」とだけいった。

「んだね、ごめんね」

吉田さんは電話を切った。

関係を築けたと思っていたのは自分だけだったのか。彼らのコミュニティに図々しく土足で踏みこむようなマネをしてしまっていたのか。誰かの気に障ったのか。ぼくのせいで浜のなかで吉田さんの立場が悪くなってはいまいか。山形県出身といってもヨソ者には変わりはない。そんなことにも気づかずにC浜の人々の好意に甘えすぎたのではないか……。

いくつもの後悔と自己嫌悪がわいてきた。ライターとしての、いや自分自身の、未熟さを突き付けられた気がした。虚脱感に襲われて、うなだれた。

一方では、どこか醒めた自分もいて、こう感じていた。

東北らしいな、と。


ぼくが生まれ育った山形県上山市は、農業と温泉の町だ。人口は約三万三千人。

幼いころ映画館があったが、いつの間にか廃墟になった。商店街はシャッター通りになった。五軒あった書店は一軒に減った。国道沿いには、原色で彩られた品のない看板やネオンとともにパチンコ屋とラブホテルがどんどん並んだ。セックスかパチンコくらいしかやることがない町だったのだと思う。実家から自動車で十五分ほどの場所に郊外型の大型量販店が建ったのは、ぼくが山形を離れてからだ。

ふるさととの風景は激変している。けれど、当時は、それに気づかなかった。

地元には、人間関係や仕事などを含めた生活環境が、ずっと変わらずに存在し続けると思いこませる何かが、あったように思う。

両親は小学校の教員。ぼくは長男だった。そのせいか、ふるさとに窮屈さ、息苦しさを感じていた。中学時代、進路指導の先生が「将来、山形に戻ってきて教員になるんだろ」とさも当たり前のようにいった。「それが、お前の人生なんだ」と言外にほのめかされた気がした。ぼく自身も、そんなものか、と疑問もなく受け入れていた。気のせいかもしれないが、周囲の大人からも、友だちからも、そんな目で見られていた覚えがある。

いまの仕事に出会っていなければ、山形に戻るために教師を目指していたかもしれない。そんな選択肢が、確かにあった。

ラグビーをはじめたのは、山形中央高校に入学してからだ。高校ラグビーの全国大会である「花園」の常連校ではあったが、山形にはラグビー部がある中学校がひとつしかなかったため、ほとんどの生徒が高校に入学してから楕円球に触れる。

変わらずに延々と続いていきそうな日々を打破するには、何か新しいことをするしかないと思った。それが、ラグビーだった。

勉強を一切せずにラグビーに打ちこんだおかげで、花園に出場できた。仙台の東北学院大学にスポーツ推薦で進学できた。

東北が嫌いだ。そう自覚したのは、山形を出て、仙台で暮らしてからだ。

「東北で一番」。そのくせ「東京に頭が上がらない」。それが、仙台という街だった。

東北学院大学ラグビー部にしても、「東北では一番」だったが、関東の強豪にはまったく歯が立たなかった。

大学時代の友人は、みな地元に戻るか、仙台での就職を考えていた。山形の幼なじみたちもそうだ。地元という「枠」に自然に落ち着いていく人が多かった。いまの環境がずっと変わらずに存在し続けると思いこんでいるふしがあった。物足りなさを覚えた。

東北という「枠」を出たくて、仕方なかった。次第にラグビーにも身が入らなくなり、休みのたびに日本各地や海外に旅に出た。

大学卒業後、一年間、アジアや東ヨーロッパの国々を旅した。帰国後、教員免許を取るとウソを吐いて上京した。親から仕送りをもらいながら國學院大學の夜間部に通った。

雑誌で記事を書きはじめたのは、上京した二〇〇一年。荒蝦夷が編集する『別冊東北学』で、東北と再会した。

東北は、広かった。ひとくくりにできないほど、多様だった。食文化も祭りも産業も習慣も気候も自然環境も人の気質も……。

〈いくつもの東北〉をぼくは、見た。

そして、東京と東北のいびつな結びつきを知った。

東北は、東京が必要とする食料、労働力、電力の供給源だった。

かつて多くの兵士が戦地へ向かった。娘の身売り、出稼ぎ、「金の卵」と呼ばれた集団就職……。いまも東北で生産された農産物や魚介類は東京へ送られる。原発事故が起きるまで知らなかったが、東京の電力を支える原子力発電所は、福島県に造られた。

震災後、「東北学」を築いた民俗学者の赤坂憲雄さんはいった。

東北は、まだ植民地だったのか――と。

山形で生まれ、仙台で過ごし、東京に出て、東北を歩きまわった。

東京の植民地である東北の姿がくっきりと浮かび上がった。

ぼくにとっての東北は、「ずっと変わらないもの」「変化を求めないもの」の象徴だったかもしれない。

そして、何よりも東日本大震災以前から東北は、崩壊していたのだと感じる。そうでなければ、崩壊寸前で喘いでいた。

だから、だ。

三月十一日。震災の第一報を知ったぼくがあげた第一声は、顰蹙《ひんしゅく》を買うものだった。

「ざまあ、みやがれ」

親しい友人によれば、震災直後に話した電話でそう口走ったらしい。

まだ情報が少なくて、これほどまで被害が広がるとは思いもしていなかった。大災害によって東北は、イヤでも変わると直感した。

実は、あとになって友人にいわれるまで、自分が発した言葉を完全に忘れていた。テレビに映し出された津波に襲われる町の風景が、ぼくが個人的に抱いている東北への愛憎というレベルを遙かに超えていたからだ。

東北が、いままさに破壊されている――。恐怖した。しかも、風景のなかには、同じ時間をともに過ごした人たちがいるのだ。

ぼくは、東北に〝帰った〟。

写真家の亀山をはじめ、知り合いのライターやカメラマン、編集者が数多く被災地に入った。彼らと話して、感じたことがひとつある。

彼らは被災地に〝行った〟のだと思う。

いままでのぼくにしても、知り合いの取材者たちにとっても、取材とは〝行く〟ものだった。

ぼくも捕鯨の現場にも、『仙台学』や『別冊東北学』の取材にも〝行った〟。

けれども、三月十一日以降、ぼくにとっては、東北は〝帰る〟場所になった。

被災した人たちに対して、取材という単語を使うのが躊躇《ためら》われて、まわりくどく自分のやってきたことをいちいち説明してから話を聞いた。ただ通り過ぎるだけの取材ではなく、じっくり腰を据えて見つめ続けなければ、と感じていた。

「ずっと変わらない」東北。「変化を求めない」東北……。

そんな東北を欲していたのは、ぼく自身だったと気づく。生まれ育った土地と距離を取って、東北から目をそらし続けてきた。

東北が嫌いだ。東京でそう口にして、東北から距離を置いた。自分が生まれ育った土地と向き合うのを避けてきた。

崩壊寸前の故郷なんて見たくなかったのだ。けれど、いま、東北から目をそらしたらもう二度と向き合う機会は訪れないのではないかと感じる。

だから、ぼくは、三月十一日以降、壊滅した東北に帰っている。そして、これからも。

あとがき

二〇一二年一月四日十六時二十四分。昨年八月から肺炎を患って入院していた祖父が逝った。死因は、心不全。看病を続けた母の手を握りながら、八十五年の人生を終えた。

死の直後に連絡を受け、すぐに山形に帰った。実家に着いたのは、四時間後。すでに多くの親戚が祖父の思い出話を語り、ビールを呑んでいた。祖父の寝室には祭壇が作られていた。遺影も、通夜から納棺、送棺、火葬、葬儀、初七日までのスケジュールもできていた。

遺体と対面した。安らかな死に顔だった。

じいちゃん、よかったなあ。ぼくは、心のなかでそっと呟いた。

娘に看取られて、天寿をまっとうした。多くの親類縁者に見送ってもらえる。長年暮らした自宅で通夜をして、生前から付き合いがあった僧侶に供養してもらえる……。

自然災害は、そんな当たり前の営みさえも奪っていったんだな、と身に沁みた。

被災地で身内を土葬にせざるをえなかった人たちの、海に消えた家族の発見をいまも祈る人たちの苦しみを思った。

被災した人々の苦しみや哀しみ、喜び、憤りが、分かるなんて、もちろんいえない。

でも、どれだけの時間が過ぎたとしても、被災した人たちの思いを聞き続けると決めている。

続ける――。その意味を、阪神・淡路大震災を体験した友人が教えてくれた。

二〇一二年一月十七日。六、四三四人が犠牲になった阪神・淡路大震災から十七年が過ぎた。

昨夏。阪神・淡路大震災で被災したひとりの女性に話を聞いた。カンボジアのシェムリアップで孤児院「スナーダイクマエ」を運営するメアス・博子さん。彼女は、世界遺産「アンコールワット」の観光拠点として発展する町で二十五人の孤児とともに生活を送っている。

メアスさんと出会ったのは、十二年前。カンボジアを旅していたぼくは、カンボジア人男性との結婚を機に孤児院を切り盛りしている日本人の女性がいると聞き、「スナーダイクマエ」を訪ねた。数年に一度、カンボジアに通って孤児院の活動を取材してきた。やがてメアスさんが帰国して上京するたび、酒を呑むようになっていた。時折、彼女は神戸での体験を話した。

いままで幾度、彼女は壊滅した神戸の記憶を語っただろうか。

当初は真剣に耳を傾けていたはずだが、いつしか聞き流すようになっていた。

八年も前の話をいまさら……。もう十五年前の出来事じゃないか……。彼女が被災体験の話をはじめるとそう感じた。いつまで過去を引きずっているんだ、と。

十七年前、山形で高校生活を送っていたぼくにとって神戸は、遠かった。阪神・淡路大震災が歴史に残る大災害だと認識しながらも、どこか他人事だという気持ちは消えずに残っていた。

被災地となった東北を歩きながら、彼女の体験をおざなりに聞き流してきたことを悔いた。改めて話を聞かせてほしいと思った。

一九九五年一月十七日火曜日。五時四十六分五十二秒。

東灘区岡本。甲南大学の二回生だったメアスさんは、自宅アパートで試験に備え、徹夜で勉強をしていた。東灘区は、もっとも甚大な被害を被った地域だ。死者約千五百人。東灘区の犠牲者数は、神戸市全域の三分の一を占めた。

震度七の激震。メアスさんは立っていられず、床に倒れ込んだ。二百五十キロ以上もある水槽が飛び、メアスさんの頭上に水とともに飼っていた熱帯魚が降ってきた。揺れが収まった後、ベランダに出た。二階から見えた景色に目を疑った。隣の家が完全につぶれていたのだ。ガス爆発が起こったのか、と思って表に出てみると、通り沿いのほとんどの家が倒壊していた。

最寄りの摂津本山駅まで歩いた。あまりの驚きに足腰に力が入らず、真っ直ぐに歩けなかった。踏切は遮断機が下りて警報音が鳴り続けている。駅員に十円玉を借りて公衆電話の受話器を取った。地震がこないといわれていた神戸でこれほどの被害。和歌山県海南市の実家はどうなったのか、と心配になったのだ。両親と話して、大地震に襲われたのは神戸だと知った。

体操部のマネージャーだったメアスさんのアパートに部員たちが集まってきた。

声が聞こえる――。誰かがいった。三人の男子部員が全壊した隣家にもぐり込んだ。足が見えた。引きずり出したおばさんはすでに亡くなっていた。さらに進むと、おばあさんが柱や梁、家具に挟まれて震えていた。メアスさんは友人が助け出したおばあさんに防寒具を着せた。

駆け付けてきた息子とともにおばあさんは避難したけれど、その娘であるおばさんの遺体は、白い毛布にくるまれたまま、二日間、歩道に置いておくしかなかった。

メアスさんが実家に戻ったのは、三日後。大阪駅まで友人がバイクに乗せてくれた。淀川を越えたときの思いがいまも忘れられない。淀川を挟んで西側には瓦礫が広がっていた。それなのに川を越えた途端、街は平気な貌をしていた。電車では、何ごともなかったように帰宅するサラリーマンや学生と乗り合わせた。さっきまで目前に広がっていた瓦礫に覆われた風景は本当に現実だったのか、とメアスさんは思った。

東北の被災地を歩いているぼくには、メアスさんが語る十七年前の自然災害で破壊された街の風景が、色や匂い、被災した人たちの体温をともなって迫ってきた。

メアスさんは、当時の心情を語った。

「震災直後の三日間は、ずっとモノクロの風景のなかにいた感じだったんです。でも、淀川を越えた瞬間に景色がカラーに戻った。同時に罪悪感がわいてきた。瓦礫の山からみんなを置いて自分だけが逃げ出してきてしまった。よかった、助かった、とは素直に思えなかった」

そして、彼女は続けた。

「被災した人たちにとって、一番、怖いのは忘れられることだと思うんです。世間では、阪神・淡路大震災は過去のことと思われてしまっているけど、私たちはたぶん神戸での体験を忘れることなんてできないんですから。シェムリアップのNGOの有志で震災復興Tシャツを作りました。その売り上げを継続して、被災地へ送りたいと考えています。ずっと続けていくことが、私たちは覚えているよ、というメッセージになるんじゃないか、と思うんです」

ぼくは、神戸で被災した人たちの存在を忘れていたのだ。いや、友人であるにも関わらず、神戸で被災したメアスさんの体験を真剣に聞こうとも、理解しようともしていなかった。

一瞬で数千、数万もの人が亡くなった大災害に見舞われた地域が、人が、たった五年、十年で「復興」するわけないのに。

だからこそ、ぼくは、変わりゆく被災地の風景を見続け、被災した人たちの話に耳を傾け続けなければ、と感じている。

これから東北を辿る長い旅がはじまる。


本書は、多くの人のご協力なしには成り立たなかった。紙幅の関係ですべての人の名前をあげることはできなかったが、ご登場くださった方以外にも、本当にたくさんの人たちにお世話になった。

瓦礫が片付かぬ町で、避難所で、仮設住宅で……。辛い記憶を、これからへの思いを、語っていただいたすべての方に心からお礼を申し上げたい。

被災直後の活動を支えてもらった赤坂憲雄さん、プレジデント社の石井伸介さん、星野貴彦さん、偕成社の秋重羊さん、小学館の酒井裕玄さん、崑崙企画の野地耕治さん、新人物往来社の伊藤公一さんには大変お世話になった。本書が出たのは、『望星』連載時から辛抱強く原稿を待ってくれた編集部の寺田幹太さんと前編集長の岡村隆さんのおかげである。

写真を撮影してくれた亀山亮は、得がたい相棒だった。ありがとう。

学生時代から東北を歩く機会を与えてくれた土方正志さんをはじめ「荒蝦夷」のスタッフの方々には改めてお礼を述べたい。

そして、東日本大震災で亡くなられた約二万人の方々のご冥福を心からお祈りしたい。

二〇一二年二月

山川　徹

本書は、月刊『望星』（東海教育研究所）に二〇一一年五月号から八月号まで連載した〈大震災取材日記〉、『プレジデント』（プレジデント社／同年四月十八日号）、『仙台学 vol. 11』（荒蝦夷／同年四月二十六日特別号）、『別冊プレジデント　仏教のチカラ』（同年八月号）、『環』（藤原書店／同年夏号）に掲載した記事に大幅に加筆、修正し、書き下ろしを加えたものです。

山川 徹　やまかわ とおる

1977年山形県生まれ。ルポライター。東北学院大学法学部卒業後、國學院大學二部文学部に編入学。在学中より『別冊東北学』(作品社)の編集に携わる。2007、08年には北西太平洋の調査捕鯨に同行した。地方の地域社会や捕鯨文化のほか、幅広いテーマで取材を続ける。著書に『離れて思う故郷』(荒蝦夷)、『捕るか護るか? クジラの問題』(技術評論社)。共著多数。

東北魂――ぼくの震災救援取材日記

2012年3月 2日　第1刷発行
2012年3月14日　第2刷発行

著者　山川 徹

発行者　街道憲久
発行所　東海教育研究所
〒160-0023 東京都新宿区西新宿7-4-3 升本ビル
電話 03-3227-3700　FAX 03-3227-3701　eigyo@tokaiedu.co.jp

発売所　東海大学出版会
〒257-0003 神奈川県秦野市南矢名3-10-35 東海大学同窓会館内
電話 0463-79-3921

印刷・製本　平河工業社
定価はカバーに表示してあります
落丁・乱丁本はお取り替えいたします
JASRAC出　1201854-201

ISBN 978-4-486-03742-2 Printed in Japan

★　東海教育研究所の本　★

小さな暮らしのすすめ

老後、病後、退職後…そして大震災後の「新しい生き方」！

月刊『望星』編　四六版　272頁　定価 1,680円（税込）
ISBN　978-4-486-03741-5

時代に合った自分らしい生き方とは何か。震災後のいま、あらためて「小さな暮らし」で得られる「幸せ」について考えてみたい。山折哲雄、金子兜太、池内紀、遠藤ケイ、吉沢久子、小泉和子、太田治子、荻原博子、魚柄仁之助、湯浅誠ほか。

反欲望の時代へ

大震災の惨禍を越えて

山折哲雄×赤坂憲雄 著　四六判　304頁　定価 1,995円（税込）
ISBN　978-4-486-03720-0

地震と津波、そして原発……。災厄の日々から、来るべき時代はどう展望出来るのか。深く広い対話に第二部として寺田寅彦、宮沢賢治らの作品を加えた「歩み直し」のための必読書!

大東京　ぐるぐる自転車

銀輪ノ翁、東都徘徊ス

伊藤　礼 著　四六判　296頁　定価 1,680円（税込）
ISBN　978-4-486-03719-4

銀輪の翁、伊藤礼ワールド炸裂の痛快・極上ユーモアエッセイ。風にも負けず、日照りにも負けず、今日も自転車は出撃する。世相、民情、歴史に目を光らせての大東京巡察紀行。

ホームレス歌人のいた冬

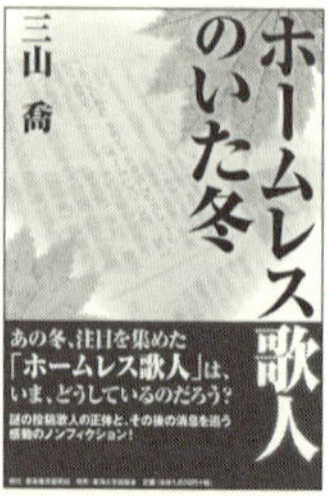

「ホームレス歌人・公田耕一」の消息を追う

三山　喬 著　四六判　272頁　定価 1,890円（税込）
ISBN　978-4-486-03718-7

リーマンショック後の大不況で年越しテント村が作られた2008年末、朝日「歌壇」に、彗星のごとく現れ、約9カ月で消息を絶った「ホームレス歌人」がいた。その正体と、その後の消息を追う感動のノンフィクション。